Wortschatz
in BILDERN
Französisch

Neubearbeitung 2022

PONS GmbH
Stuttgart

Neubearbeitung auf der Basis von
Langenscheidt Wortschatz Französisch Bild für Bild

ISBN 978-3-468-20221-6
Kreative Umsetzung und Autoren Beispielsätze:
Arndt Knieper, Martin Waller
Französische Übersetzung: Fabienne Schreitmüller

Warenzeichen, Marken und gewerbliche Schutzrechte
Wörter, Fotos und Abbildungen, die unseres Wissens eingetragene Warenzeichen oder Marken oder sonstige gewerbliche Schutzrechte darstellen, sind als solche – soweit bekannt – gekennzeichnet. Die jeweiligen Berechtigten sind und bleiben Eigentümer dieser Rechte. Es ist jedoch zu beachten, dass weder das Vorhandensein noch das Fehlen derartiger Kennzeichnungen die Rechtslage hinsichtlich dieser gewerblichen Schutzrechte berührt.

1. Auflage 2022 (1,01 – 2022)
© PONS GmbH, Stuttgart 2022
Alle Rechte vorbehalten

www.pons.de
Email: info@pons.de

Projektleitung: Christiane Mackenzie
Design und Layout: zweiband.media, Berlin
Druck und Bindung: Multiprint GmbH, Konstinbrod

ISBN 978-3-12-516284-6

INHALT

EINFÜHRUNG _____ 5

Hinweise zur Aussprache
und zur Lautschrift _____ 8

ICH _____ 10
Lebenszyklus _____ 12
Körper _____ 16
Charakter _____ 22
Fühlen & denken _____ 26
Tun & lassen _____ 34
Gesundheit! _____ 44
Kleidung _____ 52

DIE ANDEREN _____ 58
Familie & Freundschaft _____ 60
Im Gespräch _____ 70
Argumente _____ 78

Redewendungen _____ 86
Staat & Politik _____ 90
Gesellschaft & Recht _____ 98
Wirtschaft & Technik _____ 104

MITTEN IM LEBEN ___ 114
Wohnen _____ 116
Einrichtung _____ 126
Bildung _____ 132
Sprache _____ 142
Telefon & Medien _____ 144
Berufe _____ 154
Essen & Trinken _____ 162
Ausgehen _____ 174
Kultur _____ 182
Einkaufen _____ 190
Sport & Hobbys _____ 196

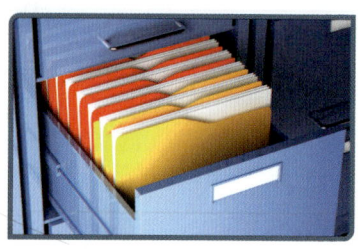

DIE GROSSE WELT __ 204

Reisen 206
Länder 212
Verkehr 216
Tiere & Pflanzen 226
Natur & Umwelt 230
Weltall 240

REGISTER _____ 282

Deutsch 283
Französisch 292

Bildnachweis 302

RAUM & ZEIT _____ 242

Das Jahr 244
Der Tag 250
In der Zeit 254
Im Raum 260
Farben & Formen 266
Jede Menge 270
Die Zahlen 276

EINFÜHRUNG

Du willst Spaß beim Lernen haben und nicht nur stur pauken?

Dann ist der PONS Wortschatz in Bildern genau das Richtige für dich. Dieser völlig neu konzipierte Wortschatz garantiert einen höchst vergnüglichen Lernerfolg.

Und das funktioniert so: Schon die Verknüpfung von einprägsamen Bildern mit einem Wort und die Verwendung des Wortes in einem Beispielsatz lassen die Wörter gut in Erinnerung bleiben. Noch besser funktioniert das, wenn es etwas zu lachen gibt. Ein witziger oder ironischer Zusammenhang zwischen Wort, Bild und Beispielsatz wirkt merk-würdig im besten Sinne, und am Ende wirst du feststellen: Du hattest nicht nur viel zu lachen, du hast dir auch viel gemerkt.

la **brosse à dents**
[bʀɔsadɑ̃] *n*
die Zahnbürste

La brosse à dents était un signe sûr : elle resterait.

Die Zahnbürste war ein sicheres Zeichen: Sie würde bleiben.

le **sèche-cheveux**
[sɛʃʃəvø] *n*
der Föhn

Qu'un sèche-cheveux puisse éveiller de tels sentiments…

Dass ein einfacher Föhn solche Gefühle wecken kann …

la **brosse (à cheveux)**
[bʀɔs(aʃəvø)] *n*
die Haarbürste

le **savon**
[savɔ̃] *n*
die Seife

la **crème**
[kʀɛm] *n*
die Creme

la **pâte dentifrice**
[patdɑ̃tifʀis] *n*
die Zahnpasta

❶ Der Wortschatz ist nach fünf großen Lebensbereichen gegliedert und nach Häufigkeit, Aktualität und Gebrauchswert ausgesucht. Die Wörter stehen also in einem thematischen Zusammenhang, was das Lernen noch leichter macht.

❷ Zusätzliche Wortlisten ergänzen und erweitern den Wortschatz.

❸ **garder**
[gaʀde] *v*
behalten

❹ Papa, on peut le garder, s'il te plaît ?

Papa, bitte, können wir ihn behalten?

❸ Zu jedem Wort ist die Wortart, die Aussprache mit der IPA-Lautschrift (siehe Seite 8) und die deutsche Übersetzung angegeben.

❹ Das Stichwort ist zur schnelleren Orientierung in blauer Schrift hervorgehoben. So erkennst du es auch im Beispielsatz sofort.

EINFÜHRUNG 7

le thé
[te] n
der Tee

Pour boire le thé de cette manière, il faut que vous preniez le temps.

Für diese Art, Tee zu trinken, müssen Sie sich Zeit nehmen.

Im Französischen ist thé nur der Aufguss aus echten Teeblättern, also schwarzer oder grüner Tee, während Kräuter- oder Früchtetee infusion oder tisane heißt.

5 Tipps auf „Klebezetteln" informieren dich über den Gebrauch und die Unterscheidung von leicht zu verwechselnden Wörtern oder über andere sprachliche Eigenheiten, etwa zur Wortbildung.

Und wenn du ein bestimmtes Wort suchst, kannst du es in den für jede Sprachrichtung separaten Registern am Ende des Buches finden.

VERWENDETE ABKÜRZUNGEN:

adj	Adjektiv
adv	Adverb
conj	Konjunktion
etw.	etwas
f	Femininum
interj	Interjektion
m	Maskulinum
m/f	Maskulinum und Femininum
n	Nomen bzw. Substantiv
phrase	Phrase bzw. Redewendung
pl	Plural
prep	Präposition
pron	Pronomen
v	Verb

Im Französischen wird immer auf der letzten Silbe des Satzes oder des Satzteils betont. Ein stummes e [ə] am Wortende wird dabei nicht berücksichtigt.

Nachfolgend finden Sie die Laute und Lautkombinationen, bei denen sich das Französische vom Deutschen unterscheidet.

SCHREIBUNG	ZEICHEN	BEISPIEL	AUSSPRACHE
am, an, em, en	[ã]	dans, enfant	nasales a, hinten im Mund, offen, nicht gerundet, dunkel
c	[s]	celui	vor e, i und y als stimmloses s
	[k]	comme	vor a, o und u als k
ç, s, sc vor e und i; t in -tion	[s]	ça, sac, scie; nation	stimmloses s
ai, e, è, ê, es (im Inlaut) + Konsonant	[ɛ]	clair, mer, mère, reste	offenes e
é, er, ez	[e]	léger, été, nez	geschlossenes e
aim, ain, ein, en, in, im, ym, yn	[ɛ̃]	faim, bien, vin, sympathique	nasales e, vorne im Mund, offen, nicht gerundet, hell
g	[ʒ]	gentil, gymnastique	stimmhaftes sch vor e, i und y
	[g]	guide	sonst wie g
gn	[ɲ]	vigne	nj-Laut
i + Vokal, il, ille, y	[j]	pied, travail, famille	i, ins j übergehend
j	[ʒ]	je, jour	stimmhaftes sch
o	[ɔ]	poche	offenes o
o, ô, au, eau	[o]	gros, côte, haut, beau	geschlossenes o
om, on	[õ]	nom, ton	nasales o, hinten im Mund, geschlossen, gerundet, dunkel
eu, eû, œu	[œ]	peur, sœur	offenes ö kurz
	[ø]	vœu	offenes ö lang
oi, ou + Vokal	[w]	trois, oiseau, oui	ins englische w übergehendes o/u
u + Vokal	[ɥ]	nuage, puis	konsonantisches, gleitendes ü
un, um	[œ̃]	parfum, lundi	nasales œ, vorne im Mund, offen, gerundet
s, x + Vokal, z	[z]	rose, sixième, gaz	stimmhaftes s

Im Französischen gibt es zwei unterschiedliche h-Laute, die beide als h geschrieben werden. Beide werden jedoch nicht ausgesprochen. Aber bei der Aussprache der folgenden Buchstaben spielt der Unterschied eine große Rolle:

h muet (stummes h)
Steht ein h muet am Wortanfang, wird das Wort ausgesprochen, als ob es mit dem folgenden Vokal anfangen würde:

l'horaire [lɔʀɛʀ], les horaires [lezɔʀɛʀ].

h aspiré (behauchtes h)
Steht ein h aspiré am Wortanfang, wird es wie ein gesprochener Konsonant behandelt, d. h. die Artikel le und la werden nicht durch einen Apostroph verkürzt und es wird auch keine „liaison" gebildet:

le haricot [ləaʀiko], les haricots [ləaʀiko].

Die erwähnte „liaison" ist ein wesentliches Element der französischen Aussprache. „Liaison" bedeutet, dass ein Konsonant am Wortende gesprochen wird, sofern das nächste Wort mit einem Vokal oder einem stummen h beginnt. Konsonant und Vokal bzw. stummes h werden also gebunden gesprochen – allerdings nur bei Wörtern, die dem Sinn nach zusammengehören. Eine „liaison" wird vorrangig bei folgenden Verbindungen gebildet:

Artikel + Substantiv
les animaux [lezanimo]

Pronomen + Substantiv
ces animaux [sezanimo]

Zahlwort + Substantiv
trois animaux [tʀwazanimo]

Adjektiv + Substantiv
un grand animal [ɛ̃gʀɑ̃tanimal]

Pronomen + Verb
ils ont [ilzɔ̃]

nach den folgenden Präpositionen
chez, dans, en, sans, sous

nach den folgenden Adverbien
très, tout, plus, moins

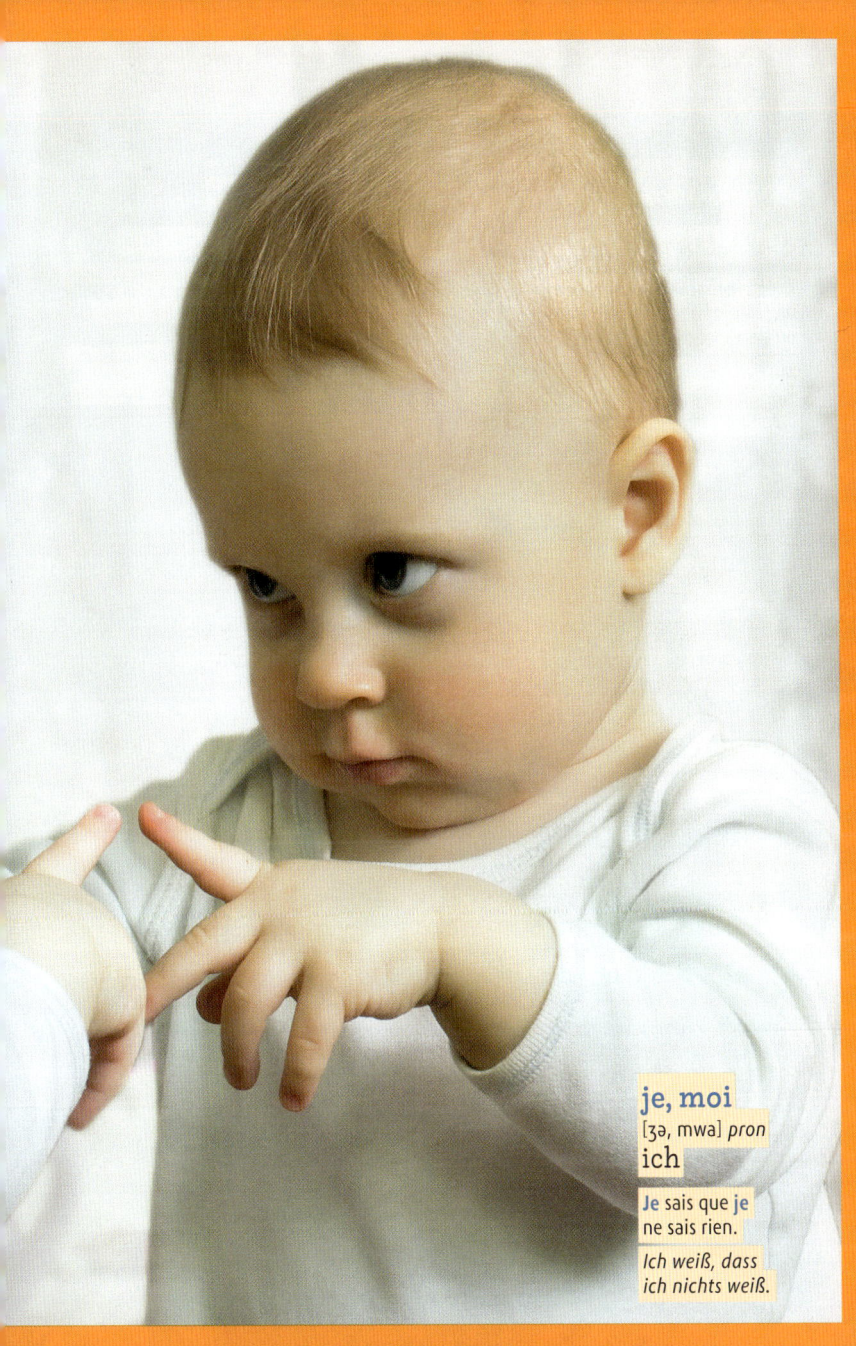

LEBENSZYKLUS

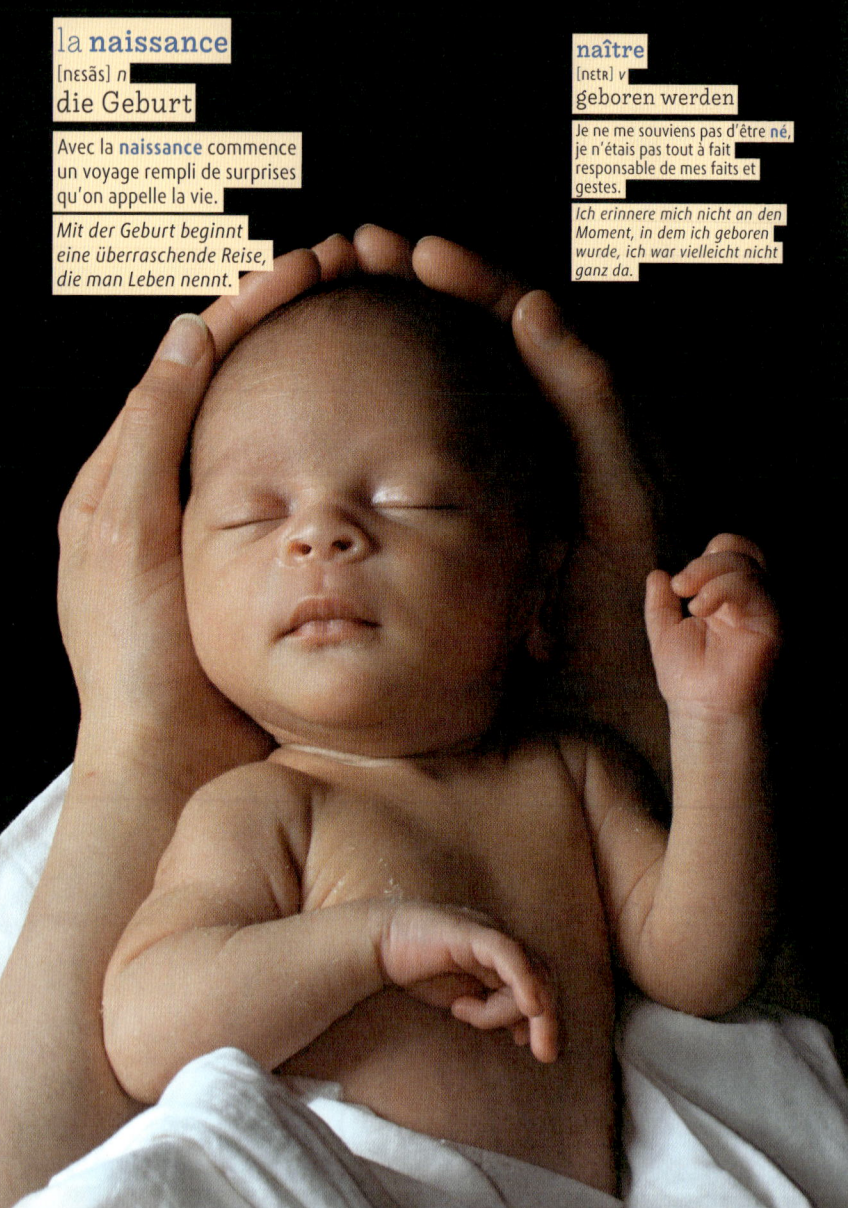

la **naissance**
[nɛsɑ̃s] *n*
die Geburt

Avec la **naissance** commence un voyage rempli de surprises qu'on appelle la vie.

Mit der Geburt beginnt eine überraschende Reise, die man Leben nennt.

naître
[nɛtʀ] *v*
geboren werden

Je ne me souviens pas d'être **né**, je n'étais pas tout à fait responsable de mes faits et gestes.

Ich erinnere mich nicht an den Moment, in dem ich geboren wurde, ich war vielleicht nicht ganz da.

le **bébé**
[bebe] *n*
das Baby

Tant qu'il dort, c'est le bébé le plus mignon de la terre.

Solange es schläft, ist es das süßeste Baby der Welt.

grandir
[gʀɑ̃diʀ] *v*
(auf)wachsen

Il a grandi avec des animaux.

Er ist mit Tieren aufgewachsen.

le **garçon**
[gaʀsɔ̃] *n*
der Junge

la **fille**
[fij] *n*
das Mädchen

Parfois, il n'est pas simple de savoir qui est le garçon et qui est la fille.

Manchmal ist es nicht so einfach zu unterscheiden, wer Junge und wer Mädchen ist.

l'**enfance**
[ɑ̃fɑ̃s] *n f*
die Kindheit

L'enfance, c'est jouer sérieusement.

Kindheit heißt, mit vollem Ernst zu spielen.

élever
[elve] *v*
großziehen

Carla a été élevée entre le café et l'ordinateur.

Carla wurde zwischen Kaffeetasse und Laptop großgezogen.

l'**enfant**
[ɑ̃fɑ̃] *n m/f*
das Kind

Tous les enfants devraient apprendre un instrument.

Jedes Kind sollte ein Instrument lernen.

la **jeunesse**
[ʒœnɛs] *n*
die Jugend

Pendant la jeunesse, on n'entend que ce qu'on veut entendre.

In der Jugend hört man nur, was man hören will.

Papi a l'air tellement **jeune** sur la photo !

Mais il n'est pas si **vieux** en fait.

jeune
[ʒœn] *adj*
jung

Opa sieht auf dem Foto so jung aus!

vieux, vieille
[vjø, vjɛ] *adj*
alt

… und er ist nicht alt geworden …

l'homme
[ɔm] *n m*
der Mensch

Et Dieu créa l'**homme** à son image.

Und Gott schuf den Menschen nach seinem Ebenbild.

humain, humaine
[ymɛ̃, ymɛn] *adj*
menschlich

Se tromper est **humain** !

Irren ist menschlich.

adulte
[adylt] *adj*
erwachsen

Certains ne deviendront jamais **adultes**.

Manche werden nie erwachsen.

la femme
[fam] *n*
die Frau

Les **femmes** ne veulent toujours qu'une chose …

Die Frauen wollen immer das eine …

l'homme
[ɔm] *n m*
der Mann

… et les **hommes** une autre chose.

… und Männer das Gegenteil.

ICH – LEBENSZYKLUS

avoir… ans
[avwaʀ…ã] v
… Jahre alt sein

J'ai déjà trois **ans** !

Ich bin schon drei Jahre alt!

vivre
[vivʀ] v
leben

Heinz dit qu'il veut **vivre** éternellement…

Heinz sagt, er will ewig leben.

la **vie**
[vi] n
das Leben

Ce n'est pas comme ça que j'ai imaginé ma **vie**.

Ich hab' mir mein Leben wirklich anders vorgestellt.

mourir
[muʀiʀ] v
sterben

Celui qui **meurt** plus tôt, est mort plus longtemps.

Wer früher stirbt, ist länger tot.

mort, morte
[mɔʀ, mɔʀt] adj
tot

mortel, mortelle
[mɔʀtɛl] adj
tödlich

la **mort**
[mɔʀ] n
der Tod

vivant, vivante
[vivã, vivãt] adj
lebendig, am Leben

Ça a marché ! Il est **vivant** !

Es hat funktioniert! Es ist lebendig!

la **tombe**
[tõb] n
das Grab

La **tombe** de mon grand-père est au troisième rang.

Das Grab meines Urgroßvaters ist in der dritten Reihe.

KÖRPER

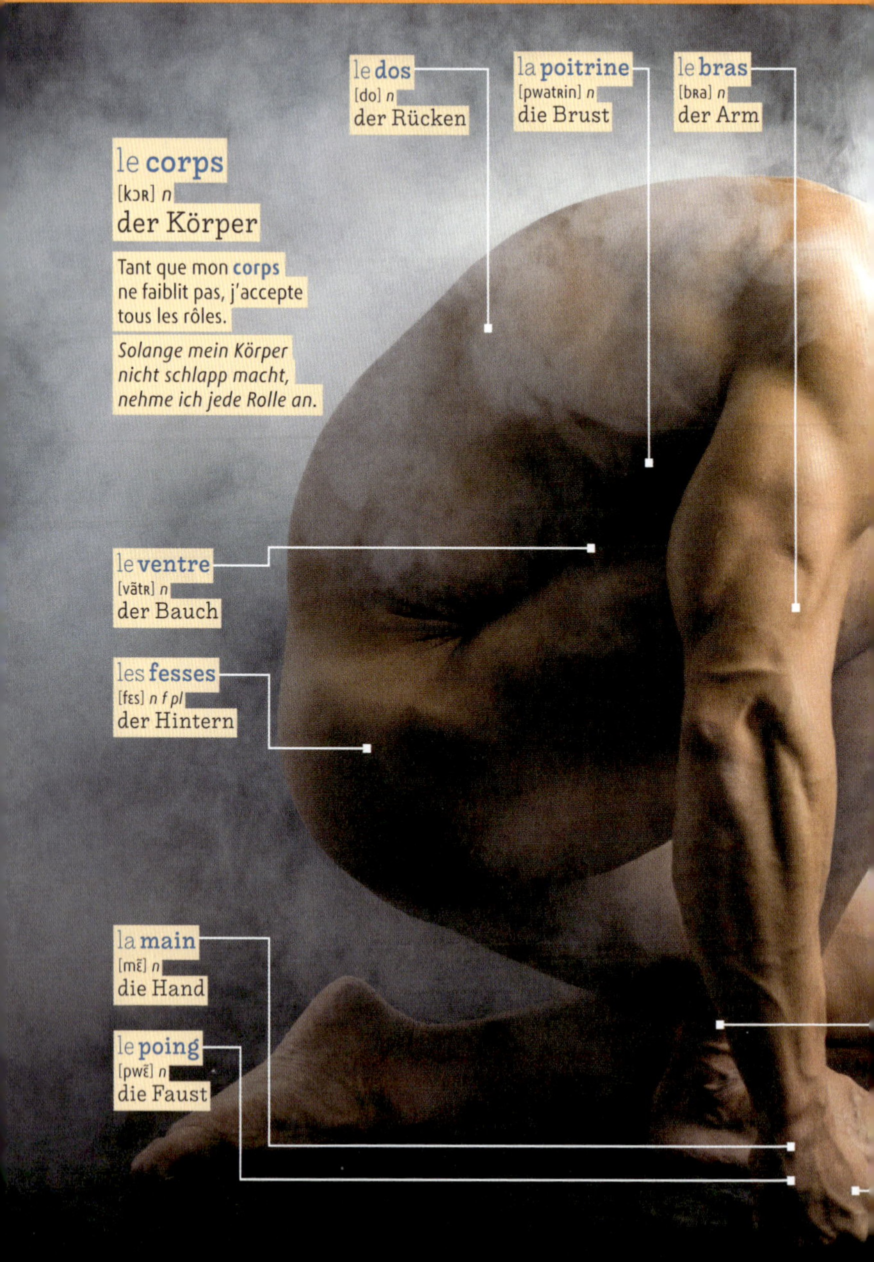

le dos
[do] *n*
der Rücken

la poitrine
[pwatʀin] *n*
die Brust

le bras
[bʀa] *n*
der Arm

le corps
[kɔʀ] *n*
der Körper

Tant que mon **corps** ne faiblit pas, j'accepte tous les rôles.

Solange mein Körper nicht schlapp macht, nehme ich jede Rolle an.

le ventre
[vɑ̃tʀ] *n*
der Bauch

les fesses
[fɛs] *n f pl*
der Hintern

la main
[mɛ̃] *n*
die Hand

le poing
[pwɛ̃] *n*
die Faust

ICH – KÖRPER

la **tête**
[tɛt] *n*
der Kopf

le **genou**
[ʒ(ə)nu] *n*
das Knie

la **jambe**
[ʒɑ̃b] *n*
das Bein

le **pied**
[pje] *n*
der Fuß

le **doigt**
[dwa] *n*
der Finger

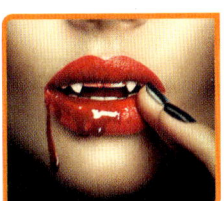

le **sang**
[sɑ̃] *n*
das Blut

Maintenant je boirais bien un bon coup de **sang**.

Jetzt könnte ich auch ein Schlückchen Blut vertragen.

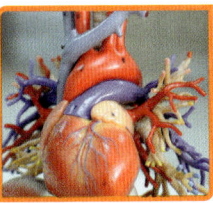

le **cœur**
[kœʀ] *n*
das Herz

Qui a besoin d'un **cœur** s'il peut être cassé ?

Wer braucht ein Herz, wenn ein Herz gebrochen werden kann?

l'**os**
[ɔs] *n f*
der Knochen

Un homme a 206 **os** dans le corps. Pour moi un seul suffit.

Ein Mensch hat 206 Knochen im Körper. Für mich reicht einer.

le cerveau
[SERVO] *n*
das Gehirn

Le cerveau humain est capable d'accomplir les choses les plus incroyables.

Das menschliche Gehirn ist zu den erstaunlichsten Leistungen fähig.

la langue
[läg] *n*
die Zunge

Avec ça, on ressent des choses différentes sur la langue.

Man hat damit ein ganz anderes Gefühl auf der Zunge.

la dent
[dã] *n*
der Zahn

En effet, là, il manque une dent !

Tatsächlich, da fehlt ein Zahn!

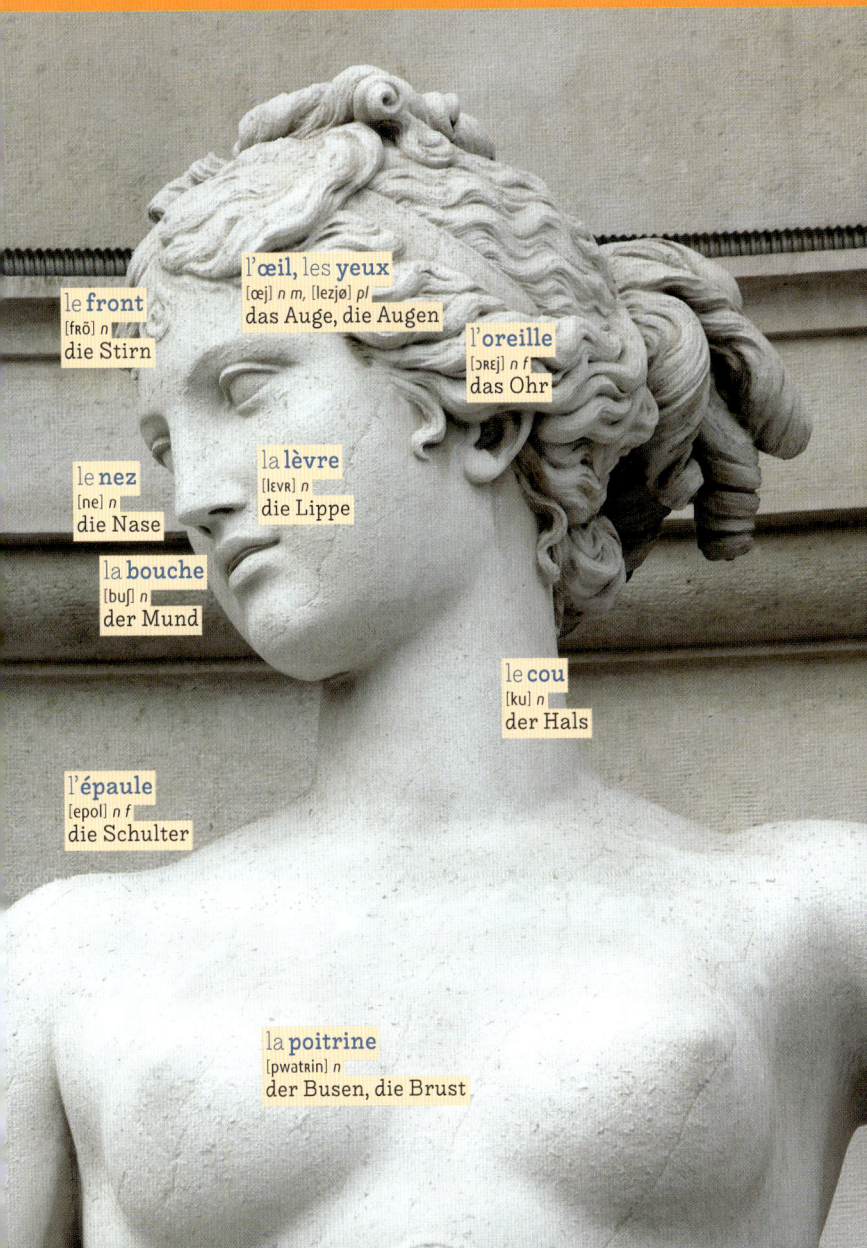

la beauté
[bote] *n*
die Schönheit

La **beauté** est le pouvoir, le sourire l'épée.

Schönheit ist Macht, ein Lächeln ihr Schwert.

le visage
[vizaʒ] *n*
das Gesicht

Mais pourquoi un **visage** aussi sérieux ?

Aber warum so ein ernstes Gesicht?

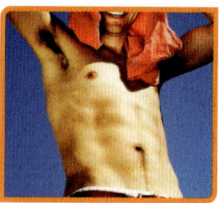

mince
[mɛ̃s] *adj*
schlank

Oui, il est **mince**, mais c'est bien tout.

Ja, er ist schlank, das ist aber auch schon alles.

se ressembler
[s(ə) rəsɑ̃ble] *v*
ähneln

Ils ne **se ressemblent** pas tant que ça de près.

Von Nahem ähneln sie sich gar nicht mehr so sehr.

ICH – KÖRPER

les cheveux
[ʃ(ə)vø] n m pl
das Haar

Ma fille, secoue tes **cheveux** pour moi !

Mädchen, schüttel dein Haar für mich!

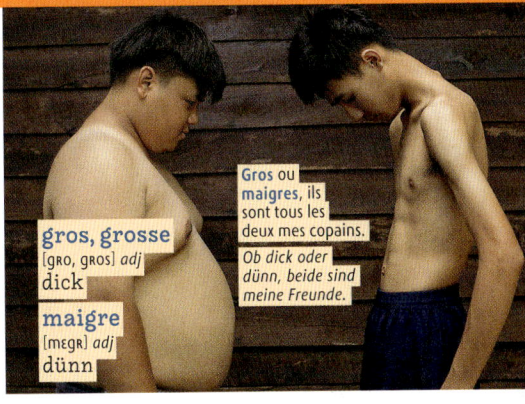

gros, grosse
[gʀo, gʀos] adj
dick

maigre
[mɛgʀ] adj
dünn

Gros ou **maigres**, ils sont tous les deux mes copains.

Ob dick oder dünn, beide sind meine Freunde.

la coiffure
[kwafyʀ] n
die Frisur

Faites attention de ne pas ruiner ma **coiffure** !

Passen Sie gut auf, meine Frisur nicht zu ruinieren!

moche, laid, laide
[mɔʃ, lɛ, lɛd] adj
hässlich

Maman, avec cette cravate **moche**, je ne viens pas avec toi.

Mama, mit der hässlichen Krawatte geh' ich nicht mit.

joli, jolie
[ʒɔli] adj
hübsch

Elle est **jolie** avec sa nouvelle robe.

Sie sieht hübsch aus in ihrem neuen Kleid.

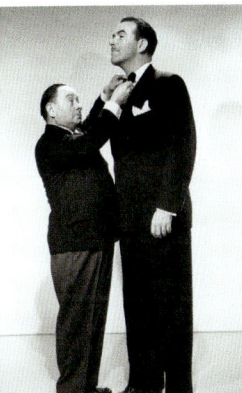

petit, petite
[p(ə)ti, p(ə)tit] adj
klein

grand, grande
[gʀɑ̃, gʀɑ̃d] adj
groß

Si tu n'étais pas aussi **petit**, tu y arriverais mieux. – N'importe quoi, c'est toi qui es trop **grand**.

Wenn du nicht so klein wärst, kämest du besser ran. – Ach was, du bist einfach zu groß.

---

petit wird auch im Sinn von „jung" gebraucht.

grand kann auch im Sinn von „bedeutend" verwendet werden – in diesem Fall steht es vor dem Substantiv.

CHARAKTER

le **caractère**
[kaʀaktɛʀ] *n*
der Charakter

Elle n'était ni riche ni célèbre, mais elle avait du caractère.

Sie war weder reich noch berühmt, aber sie hatte Charakter.

ICH – CHARAKTER

joyeux, joyeuse
[ʒwajø, ʒwajøz] *adj*
fröhlich

C'était les vacances les plus joyeuses que j'ai jamais eues !

Das war der fröhlichste Urlaub, den ich je erlebt habe.

sage
[saʒ] *adj*
gut, lieb, brav

Sois sage !
Sei brav!

la patience
[pasjɑ̃s] *n*
die Geduld

Le lion avait beaucoup de patience avec le dompteur.

Der Löwe zeigte viel Geduld mit dem Dompteur.

patient, patiente
[pasjɑ̃, pasjɑ̃t] *adj*
geduldig

Il était très patient en attendant sa femme.

Geduldig wartete er auf seine Frau.

le courage
[kuraʒ] *n*
der Mut

Arrivé en haut, j'ai perdu tout mon courage.

Oben angekommen, verließ mich der Mut.

impatient, impatiente
[ɛ̃pasjɑ̃, ɛ̃pasjɑ̃t] *adj*
ungeduldig

Je suis impatiente : je voudrais bien le voir un jour !

Ich bin ungeduldig: ich möchte ihn auch gerne mal sehen!

courageux, courageuse
[kuraʒø, kuraʒøz] *adj*
mutig

Elle est courageuse ou elle est bête tout simplement ?

Ist sie mutig oder einfach nur dumm?

drôle
[dʀol] *adj*
lustig

Il essayait désespérément d'être **drôle**.

Er versuchte verzweifelt, lustig zu sein.

impoli, impolie
[ɛ̃pɔli] *adj*
unhöflich

Que les gâteaux de tata Anna soient bons ou pas, ça n'a pas d'importance, c'est **impoli** de faire ça !

Egal, wie Tante Annas Kekse schmecken, das ist einfach unhöflich!

sérieux, sérieuse
[seʀjø, seʀjøz] *adj*
ernst, ernsthaft

Il est **sérieux** comme un pape.

Er ist ein todernster Typ.

poli, polie
[pɔli] *adj*
höflich

Il était incroyablement **poli**, je n'ai pas pu refuser.

Er war so unglaublich höflich, da konnte ich nicht widerstehen.

curieux, curieuse
[kyʀjø, kyʀjøz] *adj*
neugierig

Celui qui n'est pas **curieux** ne réussit jamais à percer.

Wer nicht neugierig ist, schafft den Durchbruch nie.

prudent, prudente
[pʀydɑ̃, pʀydɑ̃t] *adj*
vorsichtig

Sois **prudent**, chéri !

Fahr vorsichtig, Schatz!

ICH – CHARAKTER

bête
[bɛt] *adj*
dumm

Je suis trop **bête** pour ces devoirs.

Ich bin einfach zu dumm für diese blöden Hausaufgaben.

la bêtise
[betiz] *n*
die Dummheit

Et maintenant, tu y marches dedans. Quelle **bêtise** !

Und jetzt trittst du auch noch rein. Was für eine Dummheit!

calme
[kalm] *adj*
ruhig

Comment peux-tu rester aussi **calme** ? Je suis enceinte !

Wie kannst du da so ruhig bleiben? Ich bin schwanger!

paresseux, paresseuse
[paʀesø, paʀesøz] *adj*
faul

Oui, je suis **paresseux**. Et alors ?

Ja, ich bin faul. Na und?

imprudent, imprudente
[ɛ̃pʀydɑ̃, ɛ̃pʀydɑ̃t] *adj*
unvorsichtig

Tu dois renvoyer immédiatement cette baby-sitter **imprudente**.

Du musst diesen unvorsichtigen Babysitter sofort rausschmeißen.

gentil, gentille
[ʒɑ̃ti, ʒɑ̃tij] *adj*
lieb, nett

Hanna a été particulièrement **gentille** avec sa sœur.

Hanna war heute besonders lieb zu ihrer Schwester.

FÜHLEN & DENKEN

le sentiment
[sɑ̃timɑ̃] *n*
das Gefühl

On ne peut pas contenir ses sentiments.

Wahre Gefühle kann man nicht unterdrücken.

ICH — FÜHLEN & DENKEN 27

aimer bien
[emebjɛ̃] *v*
mögen

J'**aime bien** arriver vite au bureau.

Ich mag es, schnell ins Büro zu kommen.

la joie
[ʒwa] *n*
die Freude

Quelle **joie** de voir Helena sans ses enfants !

Es war so eine Freude, Elena ohne ihre Kinder zu sehen.

la surprise
[syʀpʀiz] *n*
die Überraschung

À ma grande **surprise**, ma copine avait organisé une fête.

Zu meiner Überraschung hatte meine Freundin eine kleine Party organisiert.

la peur
[pœʀ] *n*
die Angst

De quoi tu as **peur** ? C'est qu'une petite bête !

Wovor hast du Angst? Das ist doch nur ein winziges Tierchen!

comme
[kɔm] *adv*
wie

Ici, je me sens **comme** au paradis.

Hier fühle ich mich wie im Paradies.

content, contente
[kɔ̃tɑ̃, kɔ̃tɑ̃t] *adj*
zufrieden

Ils m'ont changé ma robe, maintenant, je suis **contente**.

Sie haben mir das Kleid umgetauscht, jetzt bin ich zufrieden.

détester
[deteste] *v*
nicht leiden können

Je te **déteste** vraiment !

Ich kann dich echt nicht leiden!

terrible
[teʀibl] *adj*
schrecklich

Cet hôtel était **terrible** !

Das Hotel war einfach schrecklich!

le deuil
[dœj] *n*
die Trauer

Son **deuil** était limité.

Ihre Trauer hielt sich ziemlich in Grenzen.

heureux, heureuse
[ørø, ørøz] *adj*
glücklich

Je suis tellement **heureuse** que ça me fait mal.

Ich bin so glücklich, dass es schon wehtut.

préféré, préférée
[pʀefeʀe] *adj*
Lieblings-

C'est pas possible ! Ils sont en train de voler ma voiture **préférée** !

Das gibt's doch nicht! Die klauen gerade mein Lieblingsauto!

content, contente
[kɔ̃tɑ̃, kɔ̃tɑ̃t] *adj*
froh

Ich bin froh, dass der Blumenladen noch offen hatte.

Je suis **content** que le magasin de fleurs ait été encore ouvert.

le sourire
[suʀiʀ] *n*
das Lächeln

Un simple **sourire** peut sauver toute une journée !

Ein einziges Lächeln kann einem den ganzen Tag retten!

pleurer
[plœʀe] *v*
weinen

Quand Sam suit Frodo dans l'eau, je **pleure** toujours.

Wenn Sam Frodo ins Wasser nachläuft, muss ich immer weinen.

ICH — FÜHLEN & DENKEN

rire
[ʀiʀ] v
lachen

Il n'y a que vous, les gars, qui pouvez **rire** d'une telle bêtise !
Über so einen Blödsinn könnt ihr Typen lachen!

désagréable
[dezagʀeabl] adj
unangenehm

Ça pourrait devenir **désagréable**.
Das könnte ziemlich unangenehm werden.

triste
[tʀist] adj
traurig

Ne sois pas aussi **triste**. L'année prochaine, vous allez remonter.
Sei nicht traurig. Nächstes Jahr steigt ihr wieder auf.

seul, seule
[sœl] adj
einsam

De retour à l'hôtel, Aisha se sentait à nouveau terriblement **seule**.
Zurück im Hotel, fühlte Aisha sich wieder furchtbar einsam.

se sentir
[səsɑ̃tiʀ] v
(sich) fühlen

la joie
[ʒwa] n
das Glück, die Freude

malheureux, malheureuse
[malørø, malørøz] adj
unglücklich

la peur
[pœʀ] n
die Angst

la tristesse
[tʀistɛs] n
die Traurigkeit

agréable
[agʀeabl] adj
angenehm, sympathisch

être surpris, surprise
[ɛtʀ(ə)syʀpʀi, syʀpʀiz] v
überrascht sein

le rire
[ʀiʀ] n
das Lachen

sourire
[suʀiʀ] v
lächeln

le souvenir
[suv(ə)niʀ] n
die Erinnerung

Un moment ! – Le souvenir me revient.

Einen Moment – die Erinnerung kommt gerade wieder.

penser
[pãse] v
denken

Tu penses que tu es qui en fait ?

Was denkst du eigentlich, wer du bist?

réfléchir
[ʀefleʃiʀ] v
nachdenken

C'est sur les W.C. que j'arrive le mieux à réfléchir.

Auf dem Klo kann ich am besten nachdenken.

se demander
[sədə(ə)mãde] v
sich fragen

Je me demande comment ça peut marcher.

Ich frage mich, wie das je funktionieren soll.

savoir
[savwaʀ] v
wissen

On devrait toujours savoir ce qu'on fait.

Man sollte immer genau wissen, was man tut …

oublier
[ublije] v
vergessen

Bon, je les ai oubliées – maintenant, je peux les oublier carrément.

Tja, die hab' ich vergessen – nun kann ich sie wohl vergessen.

ICH — FÜHLEN & DENKEN

la **pensée**
[päse] *n*
der Gedanke

Mein Haarschnitt ist voll ätzend!

Das wollte ich gerade sagen.
Kann er Gedanken lesen?

C'est ce que je voulais dire.
Il peut lire dans mes **pensées** ?

Ma coiffure est carrément nulle.

remarquer
[ʀ(ə)maʀke] *v*
bemerken

Heureusement qu'elle ne m'a pas encore **remarqué**.

Zum Glück hat sie mich noch nicht bemerkt.

s'attendre à
[satɑ̃dʀa] *v*
erwarten

Non ! Je ne m'**y serais** jamais **attendu** !

Nein! Das hätte ich wirklich nie erwartet!

se rappeler
[sʀap(ə)le] *v*
sich erinnern

Je **me rappelle** de sa voiture, mais pas de son nom.

An das Auto kann ich mich erinnern, an seinen Namen nicht.

voir
[vwaʀ] v
sehen

Des fois, c'est bien de ne pas tout voir clairement.

Manchmal ist es ganz gut, nicht alles scharf zu sehen.

regarder
[ʀ(ə)gaʀde] v
(an)schauen

Les chasseurs qui regardent ne tirent pas.

Jäger, die schauen, schießen nicht.

le regard
[ʀ(ə)gaʀ] n
der Blick

Si les regards pouvaient tuer …

Wenn Blicke töten könnten …

entendre
[ɑ̃tɑ̃dʀ] v
hören

Ne me crie pas dessus, j'entends encore très bien.

Schrei mich nicht an, ich höre noch sehr gut.

le bruit
[bʀɥi] n
das Geräusch, der Klang

Les ondes deviennent un bruit quand une oreille est là (pour écouter).

Schallwellen werden erst Klang, wenn ein Ohr da ist.

toucher
[tuʃe] v
berühren

J'aime quand tu me touches.

Ich mag es, wenn du mich berührst.

l'odeur
[odœʀ] n f
der Geruch

Cette odeur me fascine de plus en plus.

Mehr und mehr fasziniert mich dieser Geruch.

sentir
[sɑ̃tiʀ] v
riechen

Mais elle est obligée de sentir !

Aber sie muss doch riechen!

ICH – FÜHLEN & DENKEN

puer
[pɥe] v
stinken

Thomas dit que ça **pue**.
Moi, je dis qu'il exagère.

*Thomas meint, es stinkt.
Ich finde, er übertreibt.*

supposer
[sypoze] v
annehmen,
vermuten

On pourrait **supposer** qu'elle veut quelque chose.

Man könnte annehmen, sie will was von mir.

Doucement, les filles – **écoutez** la musique !

écouter
[ekute] v
(zu)hören

Langsamer, Mädels – hört auf die Musik!

espérer
[ɛspere] v
hoffen

J'**espère** que le trottoir va bientôt être réparé.

Ich hoffe, der Gehweg wird endlich mal repariert.

croire
[kʀwaʀ] v
glauben

Je dois seulement y **croire** fort …

Ich muss nur fest genug dran glauben …

l'impression
[ɛ̃pʀesjɔ̃] n f
der Eindruck

Ne pas oublier : c'est la première **impression** qui compte !

Immer dran denken: Der erste Eindruck zählt!

laisser
[lese] *v*
lassen

Lâche ! – Mais laisse-moi au moins regarder !

Lass los! – Aber lass es mich doch wenigstens angucken ...

servir
[sɛʀviʀ] *v*
nützlich sein

S'il n'y a plus de papier toilettes, les mouchoirs, ça peut servir !

Ist das Klopapier aus, sind Taschentücher sehr nützlich.

quitter
[kite] *v*
lassen, verlassen

Il la quitta sans dire un mot mais en faisant beaucoup de bruit.

Er verließ sie ohne ein Wort, aber mit großem Getöse.

entrer
[ɑ̃tʀe] *v*
hereinkommen, eintreten

Osez entrer !

Kommen Sie nur herein!

usare
[u'za:re] *v*
benutzen, verwenden

Vi preghiamo di usare questo!

Bitte das hier verwenden!

bouger
[buʒe] *v*
sich bewegen

Si tu veux l'attraper, il faut plus bouger !

Wenn du ihn fangen willst, musst du dich mehr bewegen!

le machin, le truc, la chose
[maʃɛ̃], [tʀyk], [ʃoz] *n*
das Ding

Le machin du cosmos.

Das Ding aus dem All.

l'activité
[aktivite] *n f*
die Tätigkeit

l'action
[aksjɔ̃] *n f*
die Handlung

l'affaire
[afɛʀ] *n f*
die Angelegenheit, die Sache

l'objet
[ɔbʒɛ] *n m*
der Gegenstand

venir
[v(ə)niʀ] v
kommen

Je t'en supplie !
Viens avec moi !

*Ich flehe dich an!
Komm mit mir!*

aller
[ale] v
gehen, fahren

La prochaine fois, on y va en voiture.

Das nächste Mal fahren wir mit dem Auto.

porter
[pɔʀte] v
tragen

Attention, il porte une arme !

Vorsicht, er trägt eine Waffe!

tirer
[tiʀe] v
ziehen

Et maintenant, tirons les anneaux jusqu'au plafond …

Und nun ziehen wir die Ringe hoch bis unter die Decke …

pousser
[puse] v
schieben, drücken

Ne faites pas que regarder, aidez-nous à **pousser** !

Schauen Sie nicht nur zu, helfen Sie schieben!

mettre
[mɛtʀ] v
setzen, stellen, legen

Bon, j'en **mets** un autre dessus. – Mais on n'arrivera pas à faire une maison.

Gut, ich lege noch einen drauf. – Ein Haus wird trotzdem nicht draus.

(se) tourner
[tuʀne] v
(sich) drehen, umdrehen

Elle s'est **tournée** vers moi, a souri – et l'accident est arrivé.

Sie drehte sich zu mir um, lächelte – und schon krachte es.

tenir
[t(ə)niʀ] v
halten

Il n'y a que moi qui peux **tenir** notre chat. Il griffe tous les autres.

Nur ich darf unsere Katze halten. Alle anderen kratzt sie.

appuyer
[apɥije] v
drücken, pressen

Au mieux, j'aimerais **appuyer** sur le bouton marche-arrêt.

Am liebsten würde ich jetzt den Not-Aus-Knopf drücken.

préparer
[pʀepaʀe] v
vorbereiten

Mais tu voulais **préparer** la corde !

Du wolltest doch das Seil vorbereiten!

essayer
[eseje] v
versuchen

Si tu **essaies** assez souvent, tu vas y arriver.

Wenn du es nur oft genug versuchst, schaffst du es auch.

sûr, sûre
[syʀ] *adj*
sicher

Je ne suis pas **sûre** qu'il soit le père…

Ich bin mir nicht sicher, ob er der Vater ist …

l'effort
[efɔʀ] *n m*
die Anstrengung

Un bon but vaut bien tout **effort**.

Das richtige Ziel ist jede Anstrengung wert.

la décision
[desizjõ] *n*
die Entscheidung

Il faut bien réfléchir pour cette **décision**.

Diese Entscheidung will gut überlegt sein.

> À la phase suivante, on **projette** de peindre tous les murs en jaune.

projeter
[pʀɔʒte] *v*
planen

Als nächster Schritt ist geplant, alle Wände gelb zu streichen.

probable
[pʀɔbabl] *adj*
wahrscheinlich

Il est **probable** que j'arrive quelques minutes en retard.

Ich komme wahrscheinlich ein paar Minuten später.

décider
[deside] *v*
entscheiden

la certitude
[sɛʀtityd] *n*
die Sicherheit, die Gewissheit

possible
[pɔsibl] *adj*
möglich

peut-être
[pøtɛtʀ] *adv*
vielleicht

ICH – TUN & LASSEN

impossible
[ɛ̃pɔsibl] *adj*
unmöglich

Je te l'ai dit : il est **impossible** de gagner de l'argent avec ça.

Ich hab's dir gesagt: Damit kann man unmöglich Geld verdienen.

enlever
[ɑ̃l(ə)ve] *v*
entfernen, wegnehmen

Je n'aurais pas dû me faire **enlever** les poils.

Ich hätte mir meine Haare doch nicht entfernen lassen sollen.

trouver
[tʀuve] *v*
finden

Bien fait, vous ne pouvez pas me **trouver** !

Ätsch, ihr könnt mich gar nicht finden!

chercher
[ʃɛʀʃe] *v*
suchen

Si seulement je savais ce qu'on **cherche**.

Wenn ich nur wüsste, wonach wir überhaupt suchen.

avoir besoin de
[avwaʀbəzwɛ̃də] *v*
brauchen

J'ai encore **besoin de** cinq minutes …

Ich brauch' noch fünf Minuten …

dormir
[dɔʀmiʀ] v
schlafen

Il vaut mieux travailler huit heures que ne pas **dormir** du tout.

Lieber acht Stunden Arbeit, als gar nicht schlafen.

s'endormir
[sɑ̃dɔʀmiʀ] v
einschlafen

Il était tellement ennuyant que je **me suis** presque **endormie**.

Er war so langweilig, ich bin fast eingeschlafen.

réveiller
[ʀeveje] v
wecken

J'ai une méthode super sûre pour **réveiller** papa.

Ich hab' eine todsichere Methode, Papa zu wecken.

fatigué, fatiguée
[fatige] adj
müde

Ah, allez donc chez les zébras, je suis **fatigué** maintenant.

Ach, geht doch rüber zu den Zebras, ich bin jetzt müde.

se réveiller
[s(ə)ʀeveje] v
aufwachen

Fini le travail.
Il est temps de **se réveiller**.

*Feierabend.
Zeit, aufzuwachen.*

se lever
[səl(ə)ve] v
aufstehen

Quand Leopold **se lève** de si bonne humeur, il est insupportable.

Wenn Leopold mit so guter Laune aufsteht, ist er unerträglich.

posséder
[pɔsede] *v*
besitzen

J'ai toujours voulu **posséder** un bateau comme ça.

So ein Boot wollte ich schon immer besitzen.

propre
[pRɔpR] *adj*
eigen

Enfin mon **propre** appart !

Endlich eine eigene Wohnung!

garder
[gaRde] *v*
behalten

Papa, on peut le **garder**, s'il te plaît ?

Papa, bitte, können wir ihn behalten?

la **propriété**
[pRɔpRijete] *n*
der Besitz, das Eigentum

Enfin ma **propriété** : mon bout de terre à moi !

Endlich Eigentum: Mein eigenes Stück Land!

donner
[dɔne] *v*
geben

Donne-moi le nounours !
Gib MIR den Teddy!

avoir
[avwaʀ] *v*
haben

Depuis aujourd'hui, j'**ai** vraiment un bon copain.
Seit heute habe ich einen richtig guten Freund.

recevoir
[ʀ(ə)səvwaʀ] *v*
bekommen

Répartition du travail : il **reçoit** les coups, moi, de l'argent.
Arbeitsteilung: Er bekommt die Schläge, ich das Geld.

apporter
[apɔʀte] *v*
(mit)bringen

N'hésitez pas à **apporter** votre amie !
Bringen Sie ruhig Ihre Freundin mit!

obtenir, recevoir
[ɔptəniʀ], [ʀ(ə)səvwaʀ] *v*
erhalten, bekommen

Vous n'**avez** pas déjà **reçu** des chaussures hier ?
Haben Sie nicht gestern schon Schuhe bekommen?

prendre
[pʀɑ̃dʀ] *v*
nehmen

Prendre ou donner : là est la question !
Nehmen oder geben: Das ist die Frage!

> Bei Dingen sagt man emporter, bei Personen emmener.

emporter, emmener
[ɑ̃pɔʁte, ɑ̃m(ə)ne] *v*
mitnehmen

Tu peux **emporter** ma chaise longue aussi, chéri ?

Kannst du auch meinen Liegestuhl mitnehmen, Schatz?

accepter
[aksɛpte] *v*
annehmen

C'est impossible d'**accepter** un truc pareil.

Das kann ich unmöglich annehmen.

aussi
[osi] *adv*
auch

Avec mon burger, il me faut **aussi** un coca.

Zum Burger brauch' ich auch 'ne Cola.

séparer
[sepaʁe] *v*
trennen

On peut surmonter tout ce qui **sépare**.

Alles, was trennt, kann überwunden werden.

passer
[pase] *v*
geben, reichen

Pourriez-vous me **passer** la balle, s'il vous plaît ?

Würden Sie mir bitte den Ball reichen?

GESUNDHEIT!

être en bon santé
[sɛ̃, sɛn] v
gesund sein

On a été surpris de voir que Thomas **soit** aussi vite **en bonne santé**.

Wir waren überrascht, wie schnell Thomas wieder gesund wurde.

la santé
[sɑ̃te] n
die Gesundheit

La **santé** est plus que l'absence de maladies.

Gesundheit ist mehr als nur die Abwesenheit von Krankheit.

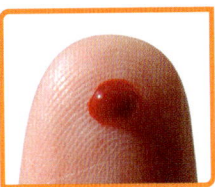

se blesser
[s(ə)blese] v
sich verletzen

Appelle le médecin d'urgence, je me suis blessé.

Ruf den Notarzt, ich habe mich verletzt!

psychique
[psiʃik] adj
geistig, psychisch

Côté psychique, je l'ai digéré depuis très longtemps.

Auf geistiger Ebene habe ich das längst verarbeitet.

physique
[fizik] adj
körperlich

Ce n'est pas la présence physique qui lui manque.

An körperlicher Präsenz fehlt es ihm wirklich nicht.

se sentir
[səsãtiʀ] v
sich fühlen

Je me sens bien – malgré le rhume des foins !

Ich fühl' mich gut – trotz Heuschnupfen!

la douleur
[dulœʀ] n
der Schmerz

Il n'y a rien à faire contre cette douleur.

Gegen diesen Schmerz ist kein Kraut gewachsen.

handicapé, handicapée
['ãdikape] adj
behindert

Papa n'est pas handicapé. Il est juste assis dans une chaise roulante.

Papa ist doch nicht behindert. Er sitzt nur im Rollstuhl.

faire mal
[fɛʀmal] v
wehtun, schmerzen, (sich) verletzen

Ça m'a fait vraiment mal, mais il ne s'est pas occupé de moi.

Es tat richtig weh, aber er hat mich überhaupt nicht beachtet.

aller bien
[alebjɛ̃] v
gut gehen

Si l'enfant va bien, la mère va bien aussi.

Geht's dem Kind gut, geht's auch der Mutter gut.

saigner
[seɲe] v
bluten

Elle saignait moins que ce que je pensais.

Sie blutete dann doch weniger, als ich gedacht hatte.

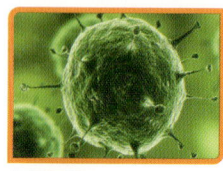

malade
[malad] adj
krank

Ces grosseurs bizarres m'inquiètent. Est-ce que je suis malade ?

Diese komischen Auswüchse machen mir Sorgen. Bin ich krank?

mauvais, mauvaise
[mɔvɛ, mɔvɛz] adj
schlecht

J'ai passé une mauvaise journée.

Ich habe einen schlechten Tag gehabt.

le mal de tête
[maldətɛt] n
die Kopfschmerzen

Si seulement je savais d'où vient mon mal de tête.

Wenn ich nur wüsste, wo meine Kopfschmerzen herkommen.

souffrir
[sufʀiʀ] v
leiden

Alexander souffre à un haut niveau.

Alexander leidet auf hohem Niveau.

tousser
[tuse] v
husten

Chaque fois qu'il voulait être cool, il toussait.

Immer wenn er cool sein wollte, musste er husten.

le rhume
[ʀym] n
die Erkältung

Avec un copain comme ça, on peut vite attraper un rhume.

Bei so einem Freund ist es leicht, sich zu erkälten.

ICH — GESUNDHEIT! 47

transpirer
[trɑ̃spire] v
schwitzen

L'enfer, c'est les autres. Surtout quand ils **transpirent**.

Die Hölle, das sind die anderen. Vor allem, wenn sie schwitzen.

respirer
[rɛspire] v
atmen

Depuis que les enfants vivent avec Harry, je peux **respirer**.

Seit die Kinder bei Harry leben, kann ich wieder frei atmen.

guérir
[gerir] v
gesund werden

Bien sûr que tu vas **guérir** – un jour.

Natürlich wirst du wieder gesund – irgendwann.

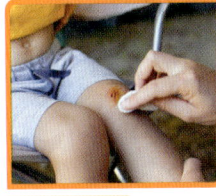

la blessure
[blɛsyr] n
die Wunde

Laisse-moi, maman, c'est qu'une petite **blessure**.

Lass mich, Mama, es ist nur eine kleine Wunde.

le choc
[ʃɔk] n
der Schock

J'ai eu un **choc** quand il a subitement allumé la lumière.

Ich bekam einen Schock, als er plötzlich das Licht anmachte.

le souffle
[sufl] n
der Atem

la toux
[tu] n
der Husten

la nausée
[noze] n
die Übelkeit

la sueur
[sɥœr] n
der Schweiß

perdre connaissance
[pɛrdr(ə)kɔnɛsɑ̃s] phrase
bewusstlos werden

A chaque fois qu'il s'agit d'argent, elle **perd connaissance**.

Jedes Mal, wenn es um Geld geht, wird sie bewusstlos.

le/la dentiste
[dãtist] n
der Zahnarzt, die Zahnärztin

Même ma langue s'est contractée quand elle a vu le dentiste.

Sogar meine Zunge verkrampfte sich, als sie den Zahnarzt sah.

ordonner, prescrire
[ɔʀdɔne, pʀɛskʀiʀ] v
verschreiben

Je peux vous prescrire une pilule fantastique.

Ich kann Ihnen da ein fantastisches Mittel verschreiben.

le docteur
[dɔktœʀ] n
der Arzt, die Ärztin

Le docteur de nounours est une vraie spécialiste.

Teddys Ärztin ist eine echte Spezialistin.

… Oui, oui, mais dans l'autre pharmacie, il y avait plus d'échantillons.

la pharmacie
[faʀmasi] n
die Apotheke

… *Ja, ja, aber in der anderen Apotheke gab's mehr Pröbchen.*

médical, médicale
[medikal] adj
medizinisch

le traitement
[tʀɛtmã] n
die Behandlung

l'examen
[ɛkzamɛ̃] n m
die Untersuchung

l'ordonnance
[ɔʀdɔnãs] n f
das Rezept

examiner
[ɛkzamine] v
untersuchen

Je vais vous examiner – sans effets secondaires !

Ich werde Sie gleich untersuchen – ohne Nebenwirkungen!

le médicament
[medikamɑ̃] n
das Medikament

Aujourd'hui, je voudrais essayer un autre médicament.

Heute möchte ich mal ein anderes Medikament ausprobieren.

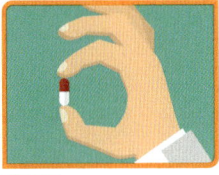

pour
[puʀ] prep
für

La moitié rouge est pour l'estomac, la blanche pour l'intestin.

Die rote Hälfte ist für den Magen, die weiße für den Darm.

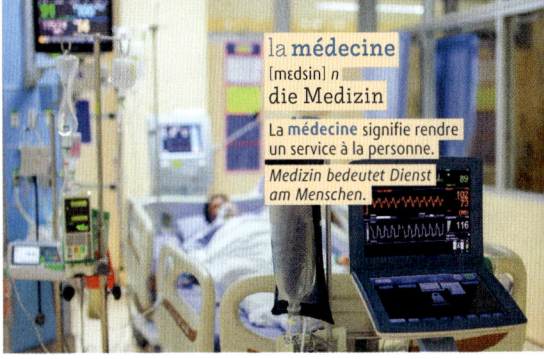

la médecine
[mɛdsin] n
die Medizin

La médecine signifie rendre un service à la personne.

Medizin bedeutet Dienst am Menschen.

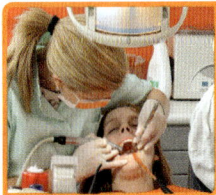

traiter
[tʀete] v
behandeln

Elle se sentait bien traitée.

Sie fühlte sich gut behandelt.

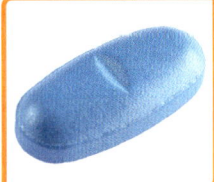

le comprimé
[kɔ̃pʀime] n
die Tablette

Le comprimé bleu m'a sauvé la vie.

Die blaue Tablette hat mein Leben verändert.

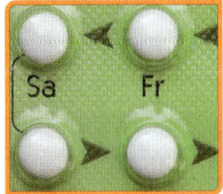

la pilule
[pilyl] n
die Pille

Zut, je crois que j'ai oublié la pilule.

Mist, ich glaube, ich habe die Pille vergessen.

le patient, la patiente
[pasjɑ̃, pasjɑ̃t] n
der Patient, die Patientin

Un docteur a besoin d'une bonne relation avec ses patients.

Ein Arzt braucht ein enges Verhältnis zu seinen Patienten.

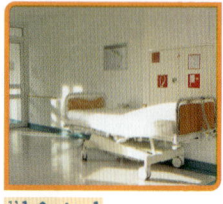

l'hôpital
[ɔpital] n m
das Krankenhaus

À l'hôpital, un lit vient de se libérer.

Im Krankenhaus ist just ein Bett frei geworden.

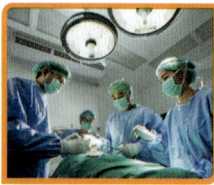

l'opération
[ɔperasjɔ̃] n f
die Operation

C'est déjà ma troisième opération aujourd'hui.

Das ist heute schon meine dritte Operation.

le cabinet médical
[kabinɛmedikal] n
die Praxis

Pensez qu'il peut y avoir une longue attente dans le cabinet médical aujourd'hui.

Bitte rechnen Sie heute mit längeren Wartezeiten in der Praxis.

l'ambulance
[ɑ̃bylɑ̃s] n f
der Krankenwagen

Est-ce que cette ambulance a aussi le wifi ?

Hat dieser Krankenwagen auch WLAN?

sauver
[sove] v
retten

C'était qu'une blague. Je viens te sauver.

War nur ein Spaß. Ich rette dich ja gleich.

dangereux, dangereuse
[dɑ̃ʒʀø, dɑ̃ʒʀøz] adj
gefährlich

Il y a un instant, la piste n'avait absolument pas l'air dangereuse.

Gerade eben sah die Piste noch überhaupt nicht gefährlich aus.

l'infirmière
[ɛ̃fiʀmjɛʀ] n f
die Krankenschwester

C'est vrai ? L'infirmière hérite de tout ?
Wirklich? Die Krankenschwester erbt alles?

l'alarme
[alaʀm] n f
der Alarm

En cas d'alarme, tout l'hôpital doit être évacué.
Bei Alarm muss das ganze Krankenhaus evakuiert werden.

l'infirmier
[ɛ̃fiʀmje] n m
der Krankenpfleger

… Et l'infirmier hérite de rien ?
… Und der Krankenpfleger erbt nichts?

le numéro d'urgence
[nymeʀodyʀʒɑ̃s] n
die Notrufnummer

Composez le numéro d'urgence et on viendra aussi chez vous.
Wählen Sie die Notrufnummer, dann kommen wir auch.

crier au secours
[kʀijeoskuʀ] v
um Hilfe rufen

Crie au secours, papa !
Ruf doch um Hilfe, Papa!

le danger
[dɑ̃ʒe] n
die Gefahr

la clinique
[klinik] n
die Klinik

opérer
[ɔpeʀe] v
operieren

Au secours !
[oskuʀ] interj
Hilfe!

KLEIDUNG

les vêtements
[vɛtmɑ̃] n m pl
die Kleidung

J'ai l'impression qu'on est toutes très nues dans nos **vêtements**.
Irgendwie stecken wir doch alle sehr nackt in unseren Kleidern.

la robe
[ʀɔb] n
das Kleid

la chemise
[ʃ(ə)miz] n
das Hemd

le pantalon
[pɑ̃talɔ̃] n
die Hose

ICH – KLEIDUNG

la **montre**
[mõtʀ] *n*
die (Armband)Uhr

la **bague**
[bag] *n*
der Ring

la **veste**
[vɛst] *n*
die Jacke

le **jean**
[dʒin] *n*
die Jeans

la **poche**
[pɔʃ] *n*
die Tasche

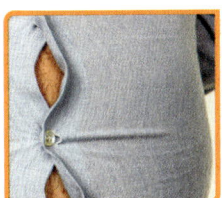

la **taille**
[taj] *n*
die (Kleider)Größe

Parfait, Monsieur, exactement votre **taille** !

Wunderbar, mein Herr, genau Ihre Größe!

essayer
[eseje] *v*
anprobieren

Essaie donc ce chapeau !

Probier mal diesen Hut an!

aller
[ale] *v*
passen

Dans quelques années, ces chaussures m'**iront**…

In ein paar Jahren passen die Schuhe…

la jupe
[ʒyp] n
der Rock

Avec cette jupe, j'ai traversé l'Atlantique.

In diesem Rock bin ich über den Atlantik geflogen.

le costume
[kɔstym] n
der Anzug

Il est charmant mais son costume sort de je-ne-sais-pas-où.

Charmant ist er ja, aber der Anzug ist aus dem Leihhaus.

le chapeau
[ʃapo] n
der Hut

C'est ce chapeau que je veux et pas un autre !

Den Hut will ich, und sonst keinen!

le manteau
[mãto] n
der Mantel

Sans son manteau mon toutou se gèlerait tellement.

Ohne Mantel würde meine Püppi doch so schrecklich frieren.

le gant
[gã] n
der Handschuh

Avec des gants comme ça, c'est un vrai plaisir de faire le ménage !

Mit solchen Handschuhen ist Putzen das reine Vergnügen.

le parapluie
[paʀaplɥi] n
der Regenschirm

Tu as vraiment volé le parapluie au gars là-bas ?

Du hast den Regenschirm wirklich dem Typ da geklaut?

les lunettes
[lynɛt] n f pl
die Brille

Hé, je n'ai même pas besoin les lunettes !

Hey, ich brauch' ja gar keine Brille!

la boucle d'oreille
[buklədɔʀɛj] n
der Ohrring

Chez le prêteur sur gages, je vais avoir au moins 50 euros pour ces boucles d'oreilles.

Beim Pfandleiher kriege ich mindestens 50 Euro für die Ohrringe!

le collier
[kɔlje] n
die Halskette

Le collier est à toi et toi, tu es à moi.

Die Halskette ist dein, und du bist mein.

étroit, étroite
[etʀwa, etʀwat] *adj*
eng

Avec des vêtements aussi étroits c'est impossible de gagner.

In so enger Kleidung ist es unmöglich zu gewinnen.

large
[laʀʒ] *adj*
weit

On a deux fois plus de plaisir à danser avec un pantalon large.

In weiten Hosen zu tanzen macht doppelt Spaß.

court, courte
[kuʀ, kuʀt] *adj*
kurz

Un court regard suffit …

Ein kurzer Blick genügte …

> mettre la veste, quitter la veste – tu pourrais finir par te décider?

long, longue
[lõ, lõg] *adj*
lang

La robe était longue, le mariage court.

Das Kleid war lang, die Ehe kurz.

mettre
[mɛtʀ] *v*
anziehen

quitter, enlever
[kite], [ɑ̃l(ə)ve] *v*
ausziehen

Jacke ausziehen, Jacke anziehen – kannst du dich endlich mal entscheiden?

s'habiller
[sabije] *v*
sich anziehen

se déshabiller
[s(ə)dezabije] *v*
sich ausziehen

ICH – KLEIDUNG 57

les lunettes de soleil
[lynɛtdəsɔlɛj] *n f pl*
die Sonnenbrille

le bikini
[bikini] *n*
der Bikini

la qualité
[kalite] *n*
die Qualität

Mon couturier ne fait que de la bonne qualité.

Mein Schneider liefert nur beste Qualität.

le maillot de bain
[majod(ə)bɛ̃] *n*
der Badeanzug

le short de bain
[slipdəbɛ̃] *n*
die Badehose

porter
[pɔʀte] *v*
tragen, anhaben

On peut porter de l'orange à tout âge.

Orange kann man in jedem Alter tragen.

le pyjama
[piʒama] *n*
der Schlafanzug

Apporte-moi mon pyjama, Xerxes !

Bring mir meinen Pyjama, Xerxes!

la chemise de nuit
[ʃ(ə)mizdənɥi] *n*
das Nachthemd

Je ne peux pas recevoir le duc en chemise de nuit.

Ich kann den Herzog doch nicht im Nachthemd empfangen.

les **autres**
[otʀ] n m/f pl
die anderen

Je n'y peux rien !
C'étaient les autres.

Ich kann nichts dafür!
Das waren die wanderen.

DIE ANDEREN — FAMILIE & FREUNDSCHAFT

le grand-père
[grãpɛR] *n*
der Großvater

la mère
[mɛR] *n*
die Mutter

la sœur
[sœR] *n*
die Schwester

Ma sœur est une grosse rapporteuse.
Meine Schwester ist 'ne blöde Petze.

le frère
[fRɛR] *n*
der Bruder

Dis donc, vous êtes frères ?
Sagt mal, seid ihr Brüder?

la maman
[mamã] *n*
die Mama

le papa
[papa] *n*
der Papa

la mamie
[mami] *n*
die Oma

le papi
[papi] *n*
der Opa

les parents
[paʀɑ̃] n m pl
die Eltern

Tous les ans, mes parents nous traînent à la Mer du Nord.
Jedes Jahr schleppen meine Eltern uns an die Nordsee.

la tante
[tɑ̃t] n
die Tante

Ma tante voulait toujours une bise.
Unsere Tante bestand immer auf einem Küsschen.

l'oncle
[ɔ̃kl] n m
der Onkel

Ton oncle se prend pour un grand artisan, non ?
Dein Onkel hält sich für einen großen Handwerker, was?

le cousin, la cousine
[kuzɛ̃, kuzin] n
der Cousin, die Cousine

Cousin, le canard reste dehors.
Cousin, die Ente bleibt draußen!

la femme
[fam] n
die Ehefrau

Celui qui a une femme comme ça n'a pas besoin de maîtresse.
Wer so eine Ehefrau hat, braucht keine Geliebte.

le mari
[maʀi] n
der Ehemann

Un mari sage est le rêve de toutes les belles mères.
Ein braver Ehemann ist der Traum jeder Schwiegermutter.

le couple
[kupl] n
das Paar

Quel beau couple !
Was für ein schönes Paar!

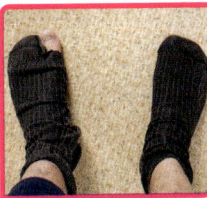

célibataire
[selibatɛʀ] adj
ledig

Tant que je suis célibataire, mes pieds sont assez aérés.

Solange ich ledig bleibe, bekommen meine Füße genügend Luft.

le mariage
[maʀjaʒ] n
die Hochzeit

Après le mariage, je dois retourner au bureau, chérie !

Nach der Hochzeit muss ich gleich wieder ins Büro, Schatz.

marié, mariée
[maʀje] adj
verheiratet

Tu nous regardes, hein, on est mariés depuis 52 ans et heureux de l'être.

Gell, da schaust du: seit 52 Jahren glücklich verheiratet.

se marier
[s(ə)maʀje] v
heiraten

Pourquoi je dois me marier à un prince si je peux t'avoir toi ?

Was soll ich einen Prinzen heiraten, wenn ich dich haben kann?

l'amour
[amuʀ] *n m*
die Liebe

La flèche de l'amour fait aveuglément son choix.
Blindlings trifft der Liebe Pfeil.

adorer
[adɔʀe] *v*
lieben

J'adore avoir le sentiment de sentir le sable entre mes orteils.
Ich liebe das Gefühl von warmem Sand zwischen meinen Zehen.

vivre ensemble
[vivʀɑ̃sɑ̃bl] *v*
zusammenleben

C'est vraiment dur de vivre ensemble.
Mit dir ist es echt schwierig zusammenzuleben.

le baiser
[beze] *n*
der Kuss

Avec un tel baiser, j'ai réveillé la Belle au Bois Dormant jadis.
Mit so einem Kuss habe ich damals schon Dornröschen geweckt.

(s')embrasser
[sɑ̃bʀase] *v*
(sich) küssen

Beurk, les hommes embrassent toujours de façon humide.
Bah, Menschen küssen immer so nass.

DIE ANDEREN — FAMILIE & FREUNDSCHAFT

le monsieur
[məsjø] *n*
der Herr

On se reverra, **Monsieur** Bond.
Wir werden uns wiedersehen, Herr Bond.

la madame
[madam] *n*
die Frau

Je vous félicite pour avoir gagné à l'élection de Miss France, **Madame** Wu.
Ich gratuliere zur Wahl zur Miss Frankreich, Frau Wu.

> In der Anrede und mit Namensnennung wird Monsieur und Madame großgeschrieben. Die Abkürzungen sind M. für Monsieur und Mme. für Madame.

s'occuper de
[sɔkype] *v*
sich kümmern um

Une fois par an, ils **s'occupaient** à merveilles de mamie.
Einmal im Jahr kümmerten sie sich vorbildlich um Oma.

infidèle
[ɛ̃fidɛl] *adj*
untreu

Avec moi, c'est garanti, toutes les femmes vont être **infidèles**…
Bei mir wird garantiert jede Frau untreu…

fidèle
[fidɛl] *adj*
treu

Maître, tu vas me rester **fidèle** pour toujours ?
Herrchen, wirst du mir immer treu bleiben?

détester
[detɛste] *v*
hassen

Je **déteste** la soupe de potiron au petit déjeuner.

Ich hasse Kürbissuppe zum Frühstück.

la haine
[ˈɛn] *n*
der Hass

La **haine** s'accompagne souvent de la bêtise.

Hass geht oft mit Dummheit einher.

se séparer
[səsepaʀe] *v*
(sich) trennen

Peut-être qu'on devrait **se séparer**…

Vielleicht sollten wir uns trennen…

la veuve
[vœv] *n*
die Witwe

Si jeune et déjà **veuve**.

So jung und schon Witwe.

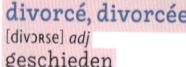

le veuf
[vœf] *n*
der Witwer

J'aimerais remonter un peu le moral du vieux **veuf**.

Ich wollte, ich könnte den alten Witwer ein wenig aufheitern.

divorcé, divorcée
[divɔʀse] *adj*
geschieden

*Depuis que je suis **divorcé**, les enfants dorment plus tranquillement.*

Seit ich geschieden bin, schlafen die Kinder wieder ruhig.

DIE ANDEREN — FAMILIE & FREUNDSCHAFT

l'ami
[ami] n m
der Freund

l'amie
[ami] n f
die Freundin

Après que tous mes **amis** aient sauté, j'ai eu finalement le bateau pour moi.

Nachdem alle meine Freunde von Bord waren, hatte ich das Boot endlich für mich.

Unter Jugendlichen ist le copain, la copine für „Freund, Freundin" sehr geläufig und schließt eine Liebesbeziehung nicht aus.

l'amitié
[amitje] n f
die Freundschaft

Erwin et Karl-Heinz sont liés d'une profonde **amitié**.

Erwin und Karl-Heinz verbindet eine tiefe Freundschaft.

amical, amicale
[amikal] adj
freundschaftlich

En un rien de temps, nous avons eu une relation **amicale**.

Wir hatte im Nu ein freundschaftliches Verhältnis.

PERSONALPRONOMEN

je [ʒə] *pron* ich	tu [ty] *pron* du	il [il] *pron* er
elle [ɛl] *pron* sie	on [ɔ̃] *pron* man, wir	nous [nu] *pron* wir
vous [vu] *pron* ihr; Sie	ils [il] *pron* sie	elles [ɛl] *pron* sie

personnel, personnelle
[pɛʀsɔnɛl] *adj*
persönlich

Aujourd'hui, j'aimerais t'écrire une lettre **personnelle**.

Heute möchte ich dir einen persönlichen Brief schreiben.

les gens
[ʒɑ̃] *n m pl*
die Leute,
die Menschen

Tous ces **gens**… Rentrons à la maison !

So viele Leute… Lass uns nach Hause gehen.

l'habitant, l'habitante
[abitɑ̃, abitɑ̃t] *n m/f*
der Einwohner,
die Einwohnerin

Ma ville a les **habitants** les plus cool !

Meine Stadt hat einfach die coolsten Einwohner!

le voisin, la voisine
[vwazɛ̃, vwazin] *n*
der Nachbar,
die Nachbarin

Tu as vu le nouveau barbecue des **voisins** ?

Hast du den neuen Grill der Nachbarn gesehen?

se rencontrer, se réunir
[s(ə)ʀɑ̃kɔ̃tʀe], [s(ə)ʀeynir] *v*
sich treffen

Aussi de Cologne ? Et on **se rencontre** à Sydney ?

Auch aus Köln? Und dann treffen wir uns hier in Sydney?

ensemble
[ɑ̃sɑ̃bl] *adv*
zusammen

Nous jouons **ensemble**, mais juste la « La Cucaracha ».

Wir spielen zusammen, aber immer nur „La Cucaracha".

le type
[tip] *n*
der Kerl

Ne te prends pas la tête avec ce **type** !

Leg dich mit dem Kerl lieber nicht an!

DIE ANDEREN — FAMILIE & FREUNDSCHAFT

la **rencontre**
[RãkõtR] *n*
das Treffen, die Begegnung

Je ne me souviens plus du tout de la **rencontre**.

An das Treffen habe ich gar keine Erinnerung mehr.

la **réunion**
[Reynjõ] *n*
die Versammlung

Bienvenue à la **réunion** ordinaire de l'association des éleveurs de lapins.

Ich begrüße Sie zur ordentlichen Versammlung des Kaninchenzüchter-Vereins.

inviter
[ɛ̃vite] *n*
einladen

Sara **invite** encore Pierre et Paul.

Sara lädt schon wieder Hinz und Kunz ein.

aller voir
[alevwaR] *v*
besuchen

Je **vais voir** mon Edouard trois fois par semaine.

Dreimal die Woche besuche ich meinen Eduard.

l'**invité**, l'**invitée**
[ɛ̃vite] *n m/f*
der Gast

Les **invités** étaient plus que ridicules !

Die Gäste waren mehr als albern!

POSSESSIVPRONOMEN

mon, ma
[mõ, ma] *pron*
mein

ton, ta
[tõ, ta] *pron*
dein

son, sa
[sõ, sa] *pron*
sein

notre
[nɔtR] *pron*
unser

votre
[vɔtR] *pron*
euer; Ihr

leur
[lœR] *pron*
ihr

IM GESPRÄCH

Vanessa, ne discute pas pendant que je parle.

parler
[paʀle] v
reden, sprechen

Vanessa, rede nicht, während ich spreche!

la **conversation**
[kõvɛʀsasjõ] *n*
das Gespräch

La **conversation** était sympa jusqu'à ce que Julia mentionne Herbert.

Das Gespräch war nett – bis Julia Herbert erwähnte.

raconter
[ʀakõte] *v*
erzählen

dire
[diʀ] *v*
sagen

Le corbeau **racontait** son film avec Hitchcock. La **vache** ne disait rien.

Die Krähe erzählte von ihrem Film mit Hitchcock. Die Kuh sagte nichts.

le **discours**
[diskuʀ] *n*
die Rede

La peur diminuera quand tu auras commencé le **discours**.

Wenn du die Rede erst begonnen hast, legt sich die Angst.

appeler
[ap(ə)le] *v*
(an)rufen, nennen

Ne m'**appelle** pas idiot et ne m'**appelle** pas sur mon portable !

Nenn mich nicht Idiot und ruf mich nicht auf meinem Handy an!

s'appeler
[sap(ə)le] *v*
heißen

Il **s'appelle** Mäxchen et il ne veut que jouer.

Er heißt Mäxchen und will nur spielen.

calme
[kalm] *adj*
ruhig

Lazio Rom avait perdu, mais Antonio restait bizarrement **calme**.

Lazio Rom hatte verloren, aber Antonio blieb erstaunlich ruhig.

silencieux, silencieuse
[silãsjø, silãsjøz] *adj*
still

C'était un peu trop **silencieux** au bord de l'eau…

Es war ein bisschen zu still am Wasser…

Le **silence** dans la chambre des enfants est formidable... mais il ne faut pas faire de bruit, sinon on va les réveiller !

le silence
[silɑ̃s] *n*
das Schweigen, die Stille

se taire
[s(ə) tɛʀ] *v*
schweigen, leise sein

Die Stille im Kinderzimmer ist einfach herrlich ... aber wir müssen leise sein, sonst wecken wir sie auf!

le nom
[nɔ̃] *n*
der Name

Mais quel était le **nom** de ce comique déjà ?

Wie war doch gleich der Name von diesem Komiker?

Salut!
[saly] *interj*
Hallo!

Salut, dit-il timidement.

Hallo, sagte er schüchtern.

le nom de famille
[nɔ̃d(ə)famij] *n*
der Nachname

Enchanté ! Wang est votre prénom ou votre **nom de famille** ?

Sehr erfreut! Ist Wang Ihr Vor- oder Ihr Nachname?

le prénom
[pʀenɔ̃] *n*
der Vorname

Écrivez tous les **prénoms** dans la case prévue à cet effet.

Schreiben Sie alle Vornamen in das dafür vorgesehene Feld.

Bienvenue!
[bjɛ̃v(ə)ny] *interj*
Willkommen!

Bienvenue dans notre humble chaumière !

Willkommen in unserer bescheidenen Hütte!

DIE ANDEREN – IM GESPRÄCH

Enchanté !
[ãʃãte] *interj*
Sehr erfreut!

Enchanté !
Je suis Monsieur Pêcheur.

Sehr erfreut!
Ich bin Herr Fischer.

Bonne nuit !
[bɔnnɥi] *interj*
Gute Nacht!

Bonne nuit papa et maman. Et n'ayez pas peur, je suis là.

Gute Nacht, Mama und Papa. Und habt keine Angst, ich bin ja da.

À tout à l'heure !
[atutalœʀ] *interj*
Bis gleich! Bis dann!

À tout à l'heure ! Et ramène l'hélicoptère à l'heure !

Bis dann! Und bring den Hubschrauber rechtzeitig zurück!

Bonjour !
[bõʒuʀ] *interj*
Guten Tag!

Au revoir !
[ɔʀ(ə)vwaʀ] *interj*
Auf Wiedersehen!

Im Französischen gibt es sprachlich keinen Unterschied zwischen „Guten Morgen!" und „Guten Tag!" wie im Deutschen. Bonjour kann man sogar am Abend zur Begrüßung sagen.

la réponse
[ʀepõs] *n*
die Antwort

Je connais la **réponse** !
Ich weiß die Antwort!

Comment ?
[kɔmã] *interj*
Wie bitte?

Comment ? Je pense que la ligne est dérangée.
Wie bitte? Ich denke, die Leitung ist gestört.

encore (une fois)
[ãkɔʀ(ynfwa)] *adv*
wieder, noch einmal

Joue **encore une fois**, Sam. Mais cette fois avec le rythme.
Spiel's noch einmal, Sam. Aber diesmal im Rhythmus.

demander
[d(ə)mãde] *v*
bitten

Elle **demande** la protection de ses aïeux.
Sie bittet um den Schutz ihrer Ahnen.

oui
[wi] *adv*
ja, doch

Oui, je veux – tu aurais pu t'en douter avec une robe pareil.
Ja, ich will – hättest du dir ja denken können, bei dem Kleid.

ou
[u] *conj*
oder

Hé, écoute, c'est elle **ou** moi !
Hey, hör mal – sie oder ich!

la question
[kɛstjõ] *n*
die Frage

Être ou ne pas être, telle est la **question** ici.
Sein oder nicht sein, das ist hier die Frage.

non
[nõ] adv
nein

Tout ce que tu sais dire, c'est **non** !

Alles, was du sagen kannst, ist immer nur nein!

et
[e] conj
und

M. Poivre **et** Mme Sel se sont trouvés d'emblée sympathiques.

Herr Pfeffer und Frau Salz waren sich auf Anhieb sympathisch.

répondre
[ʀepõdʀ] n
antworten

Hansi **répond** à toutes les questions, mais toujours la même chose.

Hansi antwortet auf jede Frage, aber immer das Gleiche.

ne ... pas
[nə...pa] adv
nicht

Je **ne** l'ai **pas** commandé, et je **ne** trouve **pas** ça marrant du tout.

Ich habe das nicht bestellt, und ich finde das absolut nicht komisch.

demander à (qn)
[d(ə)mɑ̃dea] v
(j-n) fragen

Je peux encore vous **demander** quelque chose ? Qu'est-ce que vous faites après le cours ?

Darf ich Sie noch etwas fragen? Was machen Sie nach dem Unterricht?

Ne wird vor Vokal und stummem h zu n' und in der gesprochenen Sprache oft ganz weggelassen.

> Merci... quelle belle loupe!

Merci!
[mɛʀsi] *interj*
Danke (schön)!

Danke... so eine schöne Lupe!

> De rien! Et si tu n'en as pas besoin, je peux te l'emprunter...?

De rien!
[dəʀjɛ̃] *interj*
Keine Ursache!

Keine Ursache! Und wenn du sie mal nicht brauchst, kann ich sie mir ausleihen...?

S'il vous plaît!
[silvuplɛ] *interj*
Bitte!

Encore une vodka, s'il vous plaît!

Noch einen Wodka bitte.

vouloir
[vulwaʀ] *v*
wollen

Papa, j'**veux** un poney, s'il te plaît, s'il te plaît!

Papa, ich will ein Pony. Biiiiiiiitteeeee!

exiger
[ɛgziʒe] *v*
fordern, verlangen

Nous **exigeons** plus de temps pour manifester.

Wir fordern mehr Zeit fürs Demonstrieren.

promettre
[pRɔmɛtR] v
versprechen

Je te **promets** que j'achète une nouvelle voiture demain.

Ich verspreche dir, morgen kaufe ich ein neues Auto.

la permission
[pɛRmisjõ] n
die Erlaubnis

La **permission** d'entrer dans les toilettes pour femmes est accordée.

Die Erlaubnis zum Betreten der Damentoilette wird erteilt.

l'ordre
[ɔRdR] n m
der Befehl

On ne discute pas mes **ordres** !

Über meine Befehle wird nicht diskutiert!

pouvoir
[puvwaR] v
dürfen

En été, je **peux** enfin reboire ET fumer.

Im Sommer darf ich endlich wieder trinken UND rauchen.

permettre
[pɛRmɛtR] v
erlauben, gestatten

Mes petits chéris me **permettent** de temps en temps que je m'assois vers eux.

Meine Lieblinge erlauben mir ab und zu, mich zu ihnen zu setzen.

la revendication
[R(ə)vãdikasjõ] n
die Forderung

ordonner
[ɔRdɔne] v
befehlen, anordnen

la promesse
[pRɔmɛs] n
das Versprechen

interdire
[ɛ̃tɛRdiR] v
verbieten, untersagen

Mon fils, je t'ai **interdit** ce site Internet !

Mein Sohn, diese Website hab' ich dir verboten!

l'interdiction
[ɛ̃tɛRdiksjõ] n f
das Verbot

Une **interdiction** n'est qu'une invitation à recommencer pour Karl.

Ein Verbot ist für Karl nur ein Anreiz, wieder neu loszulegen.

ARGUMENTE

DIE ANDEREN — ARGUMENTE

l'opinion
[ɔpinjõ] *n f*
die Meinung, die Ansicht

J'ai aucune **opinion** là-dessus…
Dazu hab' ich absolut keine Meinung…

(s')exprimer
[ɛksprime] *v*
ausdrücken

La musique est ma manière de m'**exprimer**.
Musik ist meine Art, mich auszudrücken.

penser
[pãse] *v*
meinen

Vous **pensez** à moi?
Meinen Sie mich?

supposer
[sypoze] *v*
annehmen, vermuten

Je **suppose** que vous écrivez à votre ex-mari…
Ich nehme an, Sie schreiben Ihrem Ex-Mann…

convaincre
[kõvɛ̃kʀ] *v*
überzeugen

Madame, vous savez vraiment **convaincre**!
Madame, Sie können wirklich überzeugen!

sembler
[sãble] *v*
scheinen

Quand j'étais petit, tout me **semblait** grand.
Als ich klein war, schien alles unendlich groß zu sein.

recommander
[ʀ(ə)kɔmãde] *v*
empfehlen, (be)raten

Je ne peux que vous **recommander** de changer de conseiller.
Ich kann Ihnen nur raten, Ihren Berater zu wechseln.

différent, différente
[diferɑ̃, diferɑ̃t] *adj*
verschieden

pareil, pareille
[paʀɛj] *adj*
gleich

Les couleurs sont différentes, le poids est pareil.
Die Farben sind verschieden, das Gewicht ist gleich.

tolérer
[tɔleʀe] *v*
tolerieren, hinnehmen

Chez nous, nous tolérons aussi les brebis galeuses.
Wir tolerieren bei uns auch schwarze Schafe.

recommander
[ʀ(ə)kɔmɑ̃de] *v*
empfehlen

Je peux vraiment recommander le Tadjikistan au printemps.
Tadschikistan im Frühling kann ich wirklich empfehlen.

proposer
[pʀɔpoze] *v*
vorschlagen

En fait, je devrais vous proposer un autre restaurant …
Eigentlich müsste ich Ihnen ein anderes Restaurant vorschlagen …

être d'accord
[ɛtʀ(ə)dakɔʀ] *v*
zustimmen

Si tous sont d'accord, vous aurez un « J'aime » de ma part.
Wenn alle zustimmen, bekommt ihr von mir auch ein „Like".

préférer
[pʀefeʀe] *v*
vorziehen, bevorzugen

Je préférerais le bleu, mais pour un match du Bayern, ça ne va pas.
Ich würde blau vorziehen, aber beim Bayern-Spiel geht das nicht.

le contraire
[kɔ̃tʀɛʀ] *n*
das Gegenteil

La tradition est-elle le contraire de la modernité ?
Ist Tradition wirklich das Gegenteil von Moderne?

DIE ANDEREN — ARGUMENTE

> Okay, j'ai eu tort. Ce n'est pas ton style.

avoir tort
[avwaRtɔR] v
unrecht haben

OK, ich hatte unrecht. Das ist nicht dein Stil.

avoir raison
[avwaRezɔ̃] v
recht haben

Tu as raison : c'était les Allemands !

Du hast recht: Es waren die Deutschen!

la raison
[Rezɔ̃] n
der Grund

Il me faut un nouveau fauteuil ; la raison : mon chien !

Ich brauche einen neuen Sessel; der Grund – ist mein Hund!

la différence
[difeRɑ̃s] n
der Unterschied

la recommandation
[R(ə)kɔmɑ̃dasjɔ̃] n
die Empfehlung

la proposition
[pRɔpozisjɔ̃] n
der Vorschlag

l' accord
[akɔR] n m
die Einigung

aider
[ede] *v*
helfen

Tu pourrais peut-être **aider** un peu aussi !

Vielleicht könntest du auch ein bisschen helfen!

évident, évidente
[evidã, evidãt] *adj*
offensichtlich

Tu aimes le chocolat sur le pain, c'est **évident** !

Du magst Schoko aufs Brot, das ist offensichtlich!

D'accord !
[dakɔʀ] *interj*
in Ordnung!

Je vous mets un peu plus de melon ? – **D'accord !**

Darf's ein bisschen mehr Melone sein? – In Ordnung!

utile
[ytil] *adj*
nützlich

Un parapluie aussi petit peut être **utile** dans différentes situations.

So ein kleiner Schirm kann in vielerlei Weise nützlich sein.

clair, claire
[klɛʀ] *adj*
klar

Maintenant, la chose est **claire**.

Jetzt ist die Sache klar.

le soutien
[sutjɛ̃] *n*
die Unterstützung

Merci de ton **soutien** !

Danke für deine Unterstützung.

la **faveur**
[favœʀ] *n*
der Gefallen

Tu me fais cette **faveur** et me mets de la crème dans le dos ?

Tust du mir den Gefallen und schmierst mir den Rücken ein?

exactement, justement
[egzaktəmɑ̃], [ʒystəmɑ̃] *adv*
genau

Fais **exactement** ce que je te dis, et tu tireras dans le jaune.

Tu genau, was ich dir sage, dann triffst du ins Gelbe.

important, importante
[ɛ̃pɔʀtɑ̃, ɛ̃pɔʀtɑ̃t] *adj*
wichtig

Tu dis que le casque est **important**, maman, mais toi, tu n'en portes pas.

Du sagst, der Helm ist wichtig, Mama, aber selber trägst du keinen.

c'est-à-dire
[setadiʀ] *phrase*
das heißt

Il y a donc de nouvelles structures, **c'est-à-dire** : bureaux ouverts pour tous.

Es gibt also neue Strukturen, das heißt: Großraumbüros für alle.

inutile
[inytil] *adj*
zwecklos, nutzlos

C'est **inutile** d'attendre. Aujourd'hui, il n'y a plus de train qui passe.

Es ist zwecklos zu warten. Heute kommt kein Zug mehr.

critiquer
[kʀitike] *v*
kritisieren

Regarder attentivement ne signifie pas forcément **critiquer**.

Genau hinsehen bedeutet nicht gleich kritisieren.

par exemple
[paʀɛgzɑ̃pl] *phrase*
zum Beispiel

Cette scène **par exemple** a l'air complètement artificielle.

Diese Szene zum Beispiel wirkt total künstlich.

l'**aide**
[ɛd] *n f*
die Hilfe

soutenir
[sutniʀ] *v*
unterstützen

la **critique**
[kʀitik] *n*
die Kritik

Tout à fait!
[tutafɛ] *phrase*
(Ganz) genau!

contre
[kɔ̃tʀ] prep
gegen

J'ai quelque chose **contre** les moustiques.
Ich hab' was gegen Mücken!

contrarié, contrariée
[kɔ̃tʀaʀje] adj
sauer, ärgerlich

Tu es **contrarié** à chaque bricole.
Bei jeder Kleinigkeit wirst du gleich sauer.

se fâcher
[s(ə)fɑʃe] v
wütend werden

Si tu ne lâches pas, je vais vraiment **me fâcher**.
Wenn du nicht loslässt, werde ich wirklich wütend.

s'énerver
[senɛʀve] v
sich aufregen

Ne **vous énervez** pas, je ne le sais pas, c'est tout.
Bitte, regen Sie sich nicht auf, ich weiß es einfach nicht.

se disputer
[s(ə)dispyte] v
sich streiten

Ne **nous disputons** pas, les fleurs étaient chères.
Lass uns nicht streiten, die Blumen waren teuer.

furieux, furieuse
[fyʀjø, fyʀjøz] adj
wütend

Quand Harry est **furieux**, il a ce qu'il veut.
Wenn Harry wütend wird, bekommt er, was er will.

déranger
[deʀɑ̃ʒe] v
stören

Ne pas **déranger** !
Bitte nicht stören!

la colère
[kɔlɛʀ] n
der Ärger

Ne passe pas ta **colère** sur la voiture.
Lass deinen Ärger nicht an dem Wagen aus.

parce que
[paʁsk(ə)] *conj*
weil

Je vais te chatouiller **parce que** tu n'as encore pas de chaussettes.

Weil du schon wieder keine Socken anhast, wirst du gekitzelt.

si
[si] *conj*
wenn, falls, ob

Si tu avais sauté plus haut, tu l'aurais eu.

Wenn du etwas höher gesprungen wärst, hättest du ihn gekriegt.

pour
[puʁ] *prep*
um … zu, damit

Pour descendre, tu dois appuyer sur le bouton.

Um auszusteigen, musst du den Knopf drücken.

la dispute
[dispyt] *n*
der Streit, die Auseinandersetzung

C'est une **dispute** entre hommes.

Das ist eine Auseinandersetzung unter Männern.

REDEWENDUNGEN

Est-ce que tu veux … ?
[ɛskətyvø] *phrase*
Möchtest du … ?

DIE ANDEREN — REDEWENDUNGEN

Comment allez-vous?
[kɔmɑ̃talevu] *phrase*
Wie geht es Ihnen?

Bien, merci!
[bjɛ̃mɛrsi] *phrase*
Danke, gut!

Entrez!
[ɑ̃tre] *phrase*
Herein!

Servez-vous!
[sɛrvevu] *phrase*
Bedienen Sie sich!

Oui, je veux bien!
[wij(ə)vøbjɛ̃] *phrase*
Ja, gern!

Pardon!
[paʀdɔ̃] *phrase*
Entschuldigung!

Qu'est-ce qui se passe?, Qu'est-ce qu'il y a?
[kɛskispas] *phrase*
Was ist los?

Ça va?
[sava] *phrase*
Wie geht's?

Tant mieux !
[tɑ̃mjø] *phrase*
Umso besser!

Zut !
[zyt] *phrase*
Mist!

Ça y est !
[sajɛ] *phrase*
(Das wäre) geschafft!

Moi aussi.
[mwaosi] *phrase*
Ich auch.

Moi non plus.
[mwanɔ̃ply] *phrase*
Ich auch nicht.

Dommage !
[dɔmaʒ] *phrase*
Schade!, Wie schade!

En fait **dommage**, je venais juste de payer la dernière mensualité.

Eigentlich schade, ich hatte gerade die letzte Rate bezahlt.

DIE ANDEREN — REDEWENDUNGEN

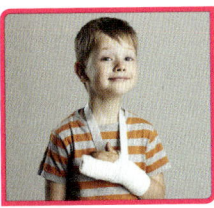

Tant pis!
[tãpi] *phrase*
Da kann man nichts machen!, Schade!

Tant pis – pas de devoirs!
Da kann man nichts machen – keine Hausaufgaben!

Ah, bon?
[abõ] *phrase*
Ach ja?

Il y a François qui arrive là-bas! – **Ah, bon?**
Da drüben kommt François! – Ach ja?

Pas de problème!
[padprɔblɛm] *phrase*
Kein Problem!

Pas de problème, je ne suis tombée que deux fois.
Kein Problem, ich bin erst zweimal runtergefallen.

C'est ça!
[sɛsa] *phrase*
Genau!, Ganz genau!

C'est ça, maintenant tire la corde de décrochage!
Genau, jetzt die Reißleine ziehen!

Avec plaisir!
[avɛkplɛzir] *phrase*
Mit Vergnügen!

Vous pouvez m'aider à traverser la rue? – **Avec plaisir!**
Können Sie mir über die Straße helfen? – Mit Vergnügen!

N'est-ce pas?
[nɛspa] *phrase*
Nicht wahr? Oder?

Il y a mon petit frère dedans, **n'est-ce pas**?
Da ist mein Brüderchen drin, nicht wahr?

Non, merci.
[nõmɛrsi] *phrase*
Nein, danke.

Non, merci, je n'ai pas besoin d'assurance-vie.
Nein danke, ich brauche keine Lebensversicherung.

Je voudrais ...
[ʒ(ə)vudrɛ] *phrase*
Ich möchte ..., Ich hätte gern ...

Je voudrais celle de gauche ...
Ich hätte gerne das linke ...

STAAT & POLITIK

l'État
[eta] *n m*
der Staat

Chaque **État** a besoin de son propre drapeau.
Jeder Staat braucht seine eigene Flagge.

État (großgeschrieben) ist der Staat, état (kleingeschrieben) der Zustand.

DIE ANDEREN — STAAT & POLITIK

l'étranger, l'étrangère
[etʀɑ̃ʒe, etʀɑ̃ʒɛʀ] *n m/f*
der Ausländer, die Ausländerin

Des **étrangers** à la recherche d'animaux sauvages.
Ausländer auf der Suche nach wilden Tieren.

le pays
[pei] *n*
das Land

C'est dans ce **pays** que des gens vivaient il y a plus de 1 500 ans.
In diesem Land lebten schon vor über 1500 Jahren Menschen.

national, nationale
[nasjɔnal] *adj*
national, National-

Quand l'équipe **nationale** joue, je peux faire beaucoup de bruit.
Wenn die Nationalelf spielt, kann ich sehr laut werden.

international, internationale
[ɛ̃tɛʀnasjɔnal] *adj*
international

Nous devons vous diriger vers une correspondance **internationale**.
Wir müssen Sie über eine internationale Verbindung umleiten.

le drapeau
[dʀapo] *n*
die Fahne, die Flagge

Tous les petits **drapeaux** souhaitent la bienvenue aux invités.
Die vielen kleinen Fahnen begrüßen flatternd die Gäste.

la nation
[nasjɔ̃] *n*
die Nation

la nationalité
[nasjɔnalite] *n*
die Nationalität

étranger, étrangère
[etʀɑ̃ʒe, etʀɑ̃ʒɛʀ] *adj*
ausländisch, fremd

de l'État
[dəleta] *adj*
staatlich

la frontière
[fʀɔ̃tjɛʀ] *n*
die Grenze

Une **frontière** a été construite contre les attaques des Barbares.
Gegen den Ansturm der Barbaren wurde eine Grenze errichtet.

le gouvernement
[guvɛʀnəmɑ̃] n
die Regierung

Le **gouvernement** a une relation étroite avec l'église.

Die Regierung hat enge Verbindungen zur Kirche.

le parlement
[paʀləmɑ̃] n
das Parlament

Lors du vote, le **parlement** n'était pas complet.

Das Parlament war bei der Abstimmung nicht vollzählig.

> Das französische Parlament heißt l'Assemblée nationale.

le/la ministre
[ministʀ] n
der Minister, die Ministerin

45 ans dans la politique et seulement maintenant enfin **ministre**.

45 Jahre in der Politik und erst jetzt endlich Minister.

le président, la présidente
[pʀezidɑ̃, pʀezidɑ̃t] n
der Präsident, die Präsidentin

Des **présidents** faisant une tête de pierre.

Präsidenten mit versteinerter Miene.

l'opposition
[ɔpozisjɔ̃] n f
die Opposition

L'**opposition** reste ferme.

Die Opposition bleibt standhaft!

démocratique
[demɔkʀatik] adj
demokratisch

Prenons une décision de manière **démocratique**.

Lassen Sie uns das demokratisch entscheiden.

DIE ANDEREN — STAAT & POLITIK

le pouvoir
[puvwaʀ] n
die Macht

Même sans son épée laser, il a un **pouvoir** important.
Auch ohne sein Lichtschwert übt er große Macht aus.

la politique
[pɔlitik] n
die Politik

Je n'ai aucune idée de la **politique**.
Von Politik hab' ich keine Ahnung.

le parti
[paʀti] n
die Partei

Le **parti** fait une fête tonitruante.
Die Partei feierte eine rauschende Party.

l'ambassade
[ãbasad] n f
die Botschaft

L'**ambassade** souhaite la bienvenue aux visiteurs.
Die Botschaft heißt ihre Besucher willkommen.

gouverner
[guvɛʀne] v
regieren

la démocratie
[demɔkʀasi] n
die Demokratie

puissant, puissante
[pɥisã, pɥisãt] adj
mächtig

le député, la députée
[depyte] n
der/die Abgeordnete

politique
[pɔlitik] adj
politisch

le consulat
[kɔ̃syla] n
das Konsulat

la population
[pɔpylasjɔ̃] n
die Bevölkerung

opprimer
[ɔpʀime] v
unterdrücken

La directrice du foyer opprime la fillette.

Die Heimleiterin unterdrückt ihr Hausmädchen.

le dictateur
[diktatœʀ] n
der Diktator

Ce dictateur est une farce.

Dieser Diktator ist ein Witz.

influencer
[ɛ̃flyɑ̃se] v
beeinflussen

M. Dr. Schmidt sait comment influencer une décision.

Herr Dr. Schmidt weiß, wie man Entscheidungen beeinflusst.

signer
[siɲe] v
unterschreiben

Elle ne prêtait pas attention à ce qu'elle signait.

Sie achtete überhaupt nicht darauf, was sie unterschrieb.

le formulaire
[fɔʀmylɛʀ] n
das Formular

Avant la consultation, vous devez signer tous les formulaires.

Vor der Behandlung müssen Sie erst alle Formulare ausfüllen.

officiel, officielle
[ɔfisjɛl] adj
offiziell, amtlich

Maintenant, c'est officiel : l'infirmière héritera de tout.

Jetzt ist es amtlich: Die Krankenschwester erbt alles.

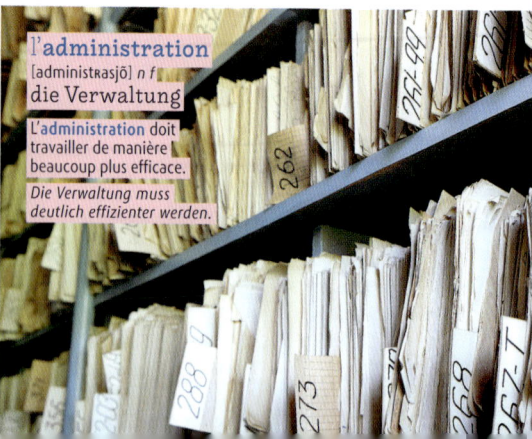

l'administration
[administʀasjɔ̃] n f
die Verwaltung

L'administration doit travailler de manière beaucoup plus efficace.

Die Verwaltung muss deutlich effizienter werden.

DIE ANDEREN — STAAT & POLITIK

la couronne
[kuʀɔn] n
die Krone

Cette couronne est trop grande pour vous, Monsieur le Président.
Diese Krone ist zu groß für Sie, Herr Vorsitzender.

la reine
[ʀɛn] n
die Königin

La reine était contente.
Die Königin war sehr erfreut.

l'histoire
[istwaʀ] n f
die Geschichte

Au courant de l'histoire, la culture grecque a un peu perdu de son hégémonie.
Im Lauf der Geschichte hat die griechische Kultur ein wenig abgebaut.

le roi
[ʀwa] n
der König

Les rois ont bien cru qu'ils s'étaient perdus.
Die Könige glaubten schon, sich verirrt zu haben.

sûr, sûre
[syʀ] adj
sicher

Ton argent est sûr chez moi.
Dein Geld ist bei mir sicher.

l'empereur
[ɑ̃pʀœʀ] n m
der Kaiser

le souverain, la souveraine
[suvʀɛ̃, suvʀɛn] n
der Herrscher, die Herrscherin

la monarchie
[mɔnaʀʃi] n
die Monarchie

le royaume
[ʀwajom] n
das Königreich

Si ma cavalerie **conquiert** la position d'artillerie, vous pouvez remballer vos gaules, M. Le Feld-Maréchal !

conquérir
[kõkeʀiʀ] v
erobern

Wenn meine Kavallerie die Geschützstellung dort erobert, können Sie einpacken, Herr Feldmarschall.

le soldat
[sɔlda] n
der Soldat, die Soldatin

la guerre
[gɛʀ] n
der Krieg

l'armée
[aʀme] n f
die Armee

Une **armée** en terre cuite gardait le tombeau de l'empereur.

Eine Armee aus Terrakotta bewachte das Grab des Kaisers.

la marine
[maʀin] n
die Marine

Maintenant, la **marine** suisse a aussi un sous-marin.

Die Marine der Schweiz hat jetzt auch ein U-Boot.

l'armée de l'air
[aʀmedlɛʀ] n f
die Luftwaffe

L'**armée de l'air** se réjouit de chaque candidat.

Die Luftwaffe freut sich über jeden neuen Bewerber.

l'adversaire
[adverser] n m/f
der Gegner, die Gegnerin

Pour certains sportifs, l'adversaire devient l'ennemi.

Für manchen Sportler wird der Gegner zum Feind.

combattre
[kõbatʀ] v
kämpfen

Arrêtez-vous tout de suite de combattre !

Hört sofort auf zu kämpfen!

le conflit
[kõfli] n
der Konflikt

Tant que personne ne cède, il n'y aura pas de solution au conflit.

Solange keiner nachgibt, bleibt der Konflikt unlösbar.

le/la terroriste
[tɛʀɔʀist] n
der Terrorist, die Terroristin

Vous me traitez comme si j'étais une terroriste !

Sie behandeln mich, als wäre ich eine Terroristin!

armé, armée
[aʀme] adj
bewaffnet

Attention, il est armé !

Vorsicht, er ist bewaffnet!

l'arme
[aʀm] n f
die Waffe

Petit garçon, David s'intéressait déjà aux armes.

David interessierte sich schon als kleiner Junge für Waffen.

tirer
[tiʀe] v
schießen

Quand je tire, les canards se marrent.

Wenn ich schieße, lachen sich die Enten tot.

pacifique
[pasifik] adj
friedlich

Tant que je lui laissais ma guitare, elle restait pacifique.

Solange ich ihr meine Gitarre ließ, blieb sie friedlich.

la paix
[pɛ] n
der Frieden

Il faut retenir la paix – de toutes ses forces.

Man muss den Frieden festhalten – mit aller Gewalt.

GESELLSCHAFT & RECHT

la **société**
[sɔsjete] *n*
die Gesellschaft

Tu dois trouver ta place dans la **société** – sans GPS.

Du musst deinen Platz in der Gesellschaft finden – ganz ohne GPS.

DIE ANDEREN – GESELLSCHAFT & RECHT

le public
[pyblik] *n*
die Öffentlichkeit

Ils veulent tout montrer au public.
Sie wollen der Öffentlichkeit alles zeigen.

privé, privée
[prive] *adj*
privat, Privat-

Le jet privé est la manière la plus agréable de voler.
Im Privatjet fliegt sich's einfach am angenehmsten.

riche
[ʀiʃ] *adj*
reich

On est riches, on est beaux – encore des questions ?
Wir sind reich, wir sind schön – sonst noch Fragen?

pauvre
[povʀ] *adj*
arm

Celui qui est pauvre peut quand même garder sa dignité.
Wer arm ist, kann trotzdem seine Würde bewahren.

le manque
[mãk] *n*
der Mangel

Dans un jet privé, je n'aurais pas un manque de place maintenant.
In einem Privatjet hätte ich jetzt keinen Platzmangel.

la misère
[mizɛʀ] *n*
das Elend

C'est une misère de voir comment certains chiens sont tenus.
Ein Elend, wie manche Hunde gehalten werden.

public, publique
[pyblik] *adj*
öffentlich

social, sociale
[sɔsjal] *adj*
sozial, gesellschaftlich

la richesse
[ʀiʃɛs] *n*
der Reichtum

la pauvreté
[povʀəte] *n*
die Armut

la **religion**
[ʀəliʒjɔ̃] *n*
die Religion

La **religion**, c'est croire en une force qui est au-dessus des hommes.

Religion ist der Glaube an eine Macht, die über dem Menschen steht.

le **dieu**
[djø] *n*
der Gott

Les souverains égyptiens étaient vénérés comme des **dieux**.

Ägyptens Herrscher wurden auch als Götter verehrt.

> Nichtchristliche Götter werden klein geschrieben, der christliche Gott groß: *Dieu*.
> Die Femininform lautet *la déesse*.

prier
[pʀije] *v*
beten

Ne dis rien jusqu'à ce qu'il ait fini de **prier**.

Sag nichts, bis er mit dem Beten fertig ist.

la **foi**
[fwa] *n*
der Glaube

Leur **foi** les a menés jusqu'à la Mecque.

Ihr Glaube hat sie bis nach Mekka gebracht.

DIE ANDEREN – GESELLSCHAFT & RECHT

la liberté
[liberte] n
die Freiheit

La **liberté** peut être aussi fatigante.

Freiheit kann auch ganz schön anstrengend sein.

l'athée
[ate] n m/f
der Atheist, die Atheistin

Cet homme est-il vraiment un **athée**?

Ist dieser Mann wirklich ein Atheist?

la justice
[ʒystis] n
die Gerechtigkeit

La **justice** est aveugle mais aime se faire dorer.

Die Gerechtigkeit ist blind, aber sie lässt sich gerne vergolden.

innocent, innocente
[inɔsã, inɔsãt] adj
unschuldig

Jan n'a l'air aussi **innocent** que quand il dort.

So unschuldig sieht Jan nur aus, wenn er schläft.

coupable
[kupabl] adj
schuldig

Pas tous ceux qui sont en prison sont aussi **coupables**.

Nicht jeder, der im Gefängnis sitzt, muss auch schuldig sein.

moral, morale
[mɔʀal] adj
moralisch

J'ai juré de mener une vie **morale**.

Ich habe geschworen, ein moralisches Leben zu führen.

l'existence
[εgzistãs] n f
die Existenz

exister
[εgziste] v
existieren

injuste
[ɛ̃ʒyst] adj
ungerecht

religieux, religieuse
[ʀəliʒjø, ʀəliʒjøz] adj
religiös, Religions-

juste
[ʒyst] adj
gerecht

le tort
[tɔʀ] n
die Schuld

libre
[libʀ] adj
frei

immoral, immorale
[imɔʀal] adj
unmoralisch

la loi
[lwa] n
das Gesetz

C'est vrai ? Vous avez appris toutes ces lois par cœur ?

Echt? Sie haben alle diese Gesetze auswendig gelernt?

le droit
[dʀwa] n
das Recht

La liberté d'expression fait partie des droits fondamentaux de l'Homme.

Meinungsfreiheit gehört zu den grundlegenden Menschenrechten.

légal, légale
[legal] adj
legal

Tu crois vraiment que peindre à la bombe est légal ici ?

Glaubst du wirklich, dass Sprayen hier legal ist?

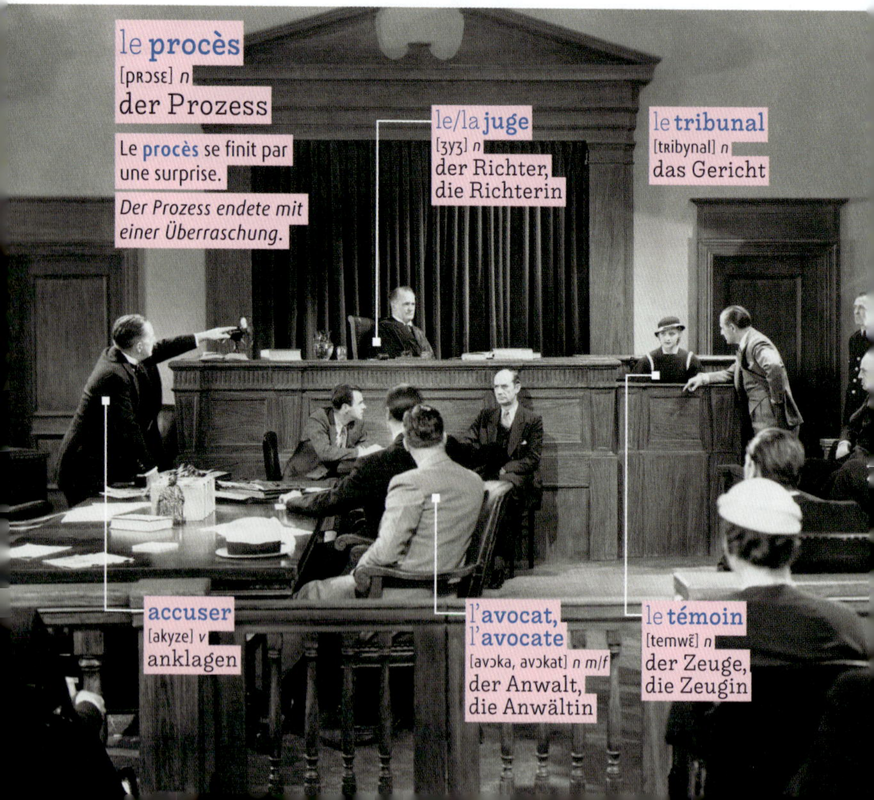

le procès
[pʀɔsɛ] n
der Prozess

Le procès se finit par une surprise.

Der Prozess endete mit einer Überraschung.

le/la juge
[ʒyʒ] n
der Richter, die Richterin

le tribunal
[tʀibynal] n
das Gericht

accuser
[akyze] v
anklagen

l'avocat, l'avocate
[avɔka, avɔkat] n m/f
der Anwalt, die Anwältin

le témoin
[temwɛ̃] n
der Zeuge, die Zeugin

DIE ANDEREN — GESELLSCHAFT & RECHT

la victime
[viktim] *n*
das Opfer

Plus jamais une **victime** ! Demain, je vais au taekwondo.

Nie wieder Opfer! Morgen gehe ich zum Taekwondo.

le crime
[kʀim] *n*
das Verbrechen

Le **crime** est notre affaire.

Verbrechen ist unser Geschäft.

voler
[vɔle] *v*
stehlen

Voler – qu'est-ce que ça veut dire ? Nous avons faim !

Was heißt hier stehlen? Wir haben Hunger!

la peine
[pɛn] *n*
die Strafe

Ben a trouvé sa **peine** complètement injuste.

Ben fand seine Strafe furchtbar ungerecht.

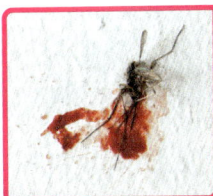

tuer
[tɥe] *v*
töten, umbringen

Regarde Erika : j'ai **tué** moi-même ce moustique.

Schau mal, Erika: Diese Mücke habe ich selbst getötet.

le vol
[vɔl] *n*
der Diebstahl

l'accusé, l'accusée
[akyze] *n m/f*
der Angeklagte, die Angeklagte

le meurtre
[mœʀtʀ] *n*
der Mord

illégal, illégale
[ilegal] *adj*
illegal

WIRTSCHAFT & TECHNIK

l'industrie
[ɛ̃dystri] *n f*
die Industrie

Dans l'industrie, les emplois sont devenus rares.

In der Industrie sind die Arbeitsplätze rar geworden.

l'entreprise
[ɑ̃tʀəpʀiz] n f
die Firma

Nous sommes certes petits mais déjà une vraie **entreprise**.

Wir sind zwar klein, aber schon eine richtige Firma.

l'économie
[ekɔnɔmi] n f
die Wirtschaft

Avec l'**économie**, il y a des hauts et des bas.

Mit der Wirtschaft geht es ständig auf und ab.

la banque
[bɑ̃k] n
die Bank

Les **banques** ont leur propre quartier à Londres.

Die Banken haben in London ein eigenes Viertel.

économiser
[ekɔnɔmize] v
sparen

Il a déjà **économisé** des millions…

Er hat schon Millionen gespart…

changer
[ʃɑ̃ʒe] v
wechseln

Ça ne peut pas être si difficile : je voudrais **changer** ma monnaie en billets.

Das kann doch nicht so schwer sein: Ich würde gern alle meine Münzen in Scheine wechseln.

la société anonyme
[sɔsjeteanɔnim] n
die Aktiengesellschaft

la demande
[d(ə)mɑ̃d] n
die Nachfrage

le chiffre d'affaires
[ʃifʀədafɛʀ] n
der Umsatz

la marchandise
[maʀʃɑ̃diz] n
die Ware

L'offre importante de **marchandises** me dépasse.

Das große Angebot an Waren überfordert mich.

l'**assurance**
[asyʀɑ̃s] *n f*
die Versicherung

Je peux seulement espérer que l'assurance paiera.

Ich kann nur hoffen, dass die Versicherung zahlt.

les **dettes**
[dɛt] *n f pl*
die Schulden

Ma femme et mon chien ont levé les voiles, la seule chose qui me reste, ce sont mes dettes.

Frau und Hund auf und davon, geblieben sind nur die Schulden.

la **monnaie**
[mɔnɛ] *n*
das Kleingeld

Merci beaucoup, je peux avoir besoin de la monnaie.

Vielen Dank, das Kleingeld kann ich gut gebrauchen.

l'**argent**
[aʀʒɑ̃] *n m*
das Geld

Je trouve que l'argent n'est absolument pas important – tant que j'ai une carte de crédit.

Ich finde Geld total unwichtig – solange ich 'ne Kreditkarte habe.

la **carte de crédit**
[kaʀt(ə)dəkʀedit] *n*
die Kreditkarte

la **pièce**
[pjɛs] *n*
die Münze

le **billet (de banque)**
[bijɛ(dbɑ̃k)] *n*
die Banknote

le **centime**
[sɑ̃tim] *n*
der Cent

l'**euro**
[øʀo] *n m*
der Euro

DIE ANDEREN — WIRTSCHAFT & TECHNIK

valoir le coup
[valwarləku] *phrase*
sich lohnen

Là, ça **vaut le coup** de faire une réparation.

Hier lohnt sich eine Reparatur nicht mehr.

importer
[ɛ̃pɔʀte] *v*
importieren, einführen

Tous ces fruits sont **importés**.

All diese Früchte sind importiert.

la commande
[kɔmɑ̃d] *n*
die Bestellung

La **commande** avec le serveur à moitié sourd a été compliquée.

Die Bestellung beim schwerhörigen Kellner wurde kompliziert.

diminuer
[diminɥe] *v*
verringern, senken

Tout d'un coup le comte Wumme **a diminué** sa vitesse.

Urplötzlich verringerte Graf Wumme sein Tempo.

augmenter
[ɔgmɑ̃te] *v*
erhöhen, steigern

Nous devons **augmenter** la vitesse, sinon on va rester coincer ici.

Wir müssen die Geschwindigkeit erhöhen, sonst hängen wir hier fest.

assurer
[asyʀe] *v*
versichern

devoir
[d(ə)vwaʀ] *v*
schulden

exporter
[ɛkspɔʀte] *v*
exportieren, ausführen

baisser
[bese] *v*
senken

l'agriculture
[aɡʀikyltyʀ] n f
die Landwirtschaft

Comme ça, je peux travailler dans l'agriculture sans devoir abandonner l'aviation.

So kann ich Landwirtschaft betreiben, ohne das Fliegen aufgeben zu müssen.

planter
[plɑ̃te] v
pflanzen

Plantées hier, arrosées aujourd'hui – où sont les tomates ?

Gestern gepflanzt, heute gegossen – wo bleiben die Tomaten?

fertile, fécond, féconde
[fɛʀtil], [fekɔ̃, fekɔ̃d] adj
fruchtbar

Mais si mon panda était aussi **fécond** !

Wenn nur mein Pandabär auch so fruchtbar wäre!

agricole
[aɡʀikɔl] adj
landwirtschaftlich

récolter
[ʀekɔlte] v
ernten

la méthode
[metɔd] n
die Methode

DIE ANDEREN — WIRTSCHAFT & TECHNIK

cultiver
[kyltive] *v*
anbauen

Notre famille **cultive** du riz depuis trois générations.

Unsere Familie baut seit drei Generationen Reis an.

la récolte
[Rekɔlt] *n*
die Ernte

Le rendement de la **récolte** a été particulièrement bon cette année. Le salaire par contre moins.

Die Ernte war dieses Jahr besonders ertragreich. Der Lohn dagegen weniger.

la façon, la manière
[fasõ], [manjɛR] *n*
die Art und Weise

Ta **manière** de jouer aux dames m'énerve carrément.

Deine Art und Weise, Dame zu spielen, nervt mich kolossal.

la ferme
[fɛRm] *n*
der Bauernhof

Juste derrière les champs, il y avait une **ferme**.

Gleich hinter den Feldern lag ein Bauernhof.

comment
[kɔmã] *conj*
wie

Tu sais vraiment **comment** le réparer ?

Weißt du wirklich, wie man das repariert?

le champ
[ʃã] *n*
das Feld

la **machine**
[maʃin] *n*
die Maschine,
das Gerät

La **machine** qui a vraiment changé notre vie, c'est la machine à laver.

Die Maschine, die unser Leben wirklich verändert hat, ist die Waschmaschine.

fonctionner
[fõksjɔne] *v*
funktionieren

Nounours, tu crois vraiment qu'ils **fonctionnent** encore ?

Glaubst du wirklich, die funktionieren noch, Bärchen?

électrique
[elektʀik] *adj*
elektrisch

Je n'utilise plus que ta brosse à dents **électrique**, papa.

Ich benutze jetzt nur noch deine elektrische Zahnbürste, Papa.

le **moteur**
[mɔtœʀ] *n*
der Motor,
die Maschine

Les **moteurs** électriques font marcher la chaîne de production des moteurs automobiles.

Elektromotoren treiben die Fertigungsstraße der Automotoren an.

DIE ANDEREN — WIRTSCHAFT & TECHNIK

inventer
[ɛ̃vɑ̃te] v
erfinden

J'ai **inventé** un appareil qui lit ses pensées.
Ich habe ein Gerät erfunden, das ihre Gedanken lesen kann.

découvrir
[dekuvʀiʀ] v
entdecken

Houston ? Je crois que j'**ai découvert** des traces de pas …
Houston? Ich glaube, ich habe hier Fußspuren entdeckt …

construire
[kɔ̃stʀɥiʀ] v
bauen

Je **construis** pour l'éternité.
Ich baue hier für die Ewigkeit.

la force
[fɔʀs] n
die Kraft, die Energie

La **force** de l'eau emporte tout.
Die Kraft des Wassers reißt alles mit.

le système
[sistɛm] n
das System

On peut élargir un bon **système**.
Ein gutes System kann man erweitern.

l'énergie
[enɛʀʒi] n f
die Energie

Quand le vent souffle, la ville est alimentée en **énergie**.
Wenn Wind weht, wird die Stadt mit Energie versorgt.

l'électricité
[elɛktʀisite] n f
die Elektrizität

la découverte
[dekuvɛʀt] n
die Entdeckung

l'invention
[ɛ̃vɑ̃sjɔ̃] n f
die Erfindung

la fonction
[fɔ̃ksjɔ̃] n
die Funktion

la **matière**
[matjɛʀ] *n*

das Material, der Stoff

Il n'existe pas de déchets, juste de la **matière** pour avoir des possibilités.

Es gibt keinen Abfall, nur Material für Möglichkeiten.

il **vetro**
['ve:tro] *n*

das Glas

la **plastica**
['plastika] *n*

der Kunststoff, das Plastik

réparer
[ʀepaʀe] *v*

reparieren

Combien de temps on peut encore **réparer** soi-même des voitures ?

Wie lange man Autos wohl noch selbst reparieren kann?

exact, exacte, précis, précise
[ɛgzakt], [pʀesi, pʀesiz] *adj*

genau

Je vais tout de suite te dire l'heure **exacte**.

Gleich sage ich dir, wie spät es genau ist.

fin, fine
[fɛ̃, fin] *adj*

dünn

gros, grosse
[gʀo, gʀos] *adj*

dick

Ma chère, décide-toi : la **grosse** corde ou la corde **fine** ?

Meine Güte, entscheide dich: das dicke oder das dünne Seil?

DIE ANDEREN — WIRTSCHAFT & TECHNIK

doux, douce, mou, molle
[du, dus], [mu, mɔl] *adj*
weich

Il n'y a que mon nounours qui est aussi **doux**.

Sooo weich ist nur mein Teddybär.

dur
[dyʀ] *adv*
hart

J'ai travaillé **dur** pour avoir mes fiançailles.

Ich habe für die Verlobung hart gearbeitet.

fragile
[fʀaʒil] *adj*
zerbrechlich

Ben dis donc ! Ils sont **fragiles**.

Na sowas! Die sind zerbrechlich.

lourd, lourde
[luʀ, luʀd] *adj*
schwer

léger, légère
[leʒe, leʒɛʀ] *adj*
leicht

l'atelier
[atəlje] *n m*
die Werkstatt

Quand est-ce qu'on déménage dans un **atelier** chic ?

Wann ziehen wir endlich in eine schicke Werkstatt um?

lisse
[lis] *adj*
glatt

rugueux, rugueuse
[ʀygø, ʀygøz] *adj*
rau

le cuir
[kɥiʀ] *n*
das Leder

la **vie**
[vi] *n*
das Leben

Là où la **vie** trépide, on se rapproche forcément.

Wo das Leben pulsiert, kommt man sich zwangsweise näher.

WOHNEN

la **maison**
[mɛzɔ̃] *n*
das Haus

L'échelle pour entrer dans la **maison** est disponible moyennant un petit supplément.

Die Leiter zum Haus ist gegen geringen Aufpreis erhältlich.

MITTEN IM LEBEN – WOHNEN

l'adresse
[adʀɛs] *n f*
die Adresse

Je n'apporterai plus de lettres à cette **adresse**.

Zu dieser Adresse bring' ich keine Briefe mehr.

le domicile
[dɔmisil] *n*
der Wohnort

Des impôts ? Mon **domicile** est au paradis…

Steuern? Mein Wohnort liegt im Paradies…

le numéro (de la maison)
[nymeʀo d(ə)lamezɔ̃] *n*
die Hausnummer

À l'époque, Maggie habitait au **numéro** 10.

Maggie hat damals in Hausnummer 10 gewohnt.

à la maison, chez soi
[alamɛzɔ̃], [ʃeswa] *adv*
zu Hause

Je ne me sens **chez moi** que quand le chat est à la maison.

Nur wenn die Katze im Haus ist, fühle ich mich zu Hause.

> À la maison bedeutet auch „nach Hause": Venez, il fait froid, on rentre à la maison. – „Kommt, es ist kalt, wir gehen nach Hause!" – Chez soi verändert sich mit der Person: Chez moi, je m'ennuie. – „Ich langweile mich (bei mir) zu Hause."

venir de
[vənirdə] *v*
kommen aus/von

Je **viens de** la planète XQ6TL-038P#.

Ich komme vom Planeten XQ6TL-038P#.

le rez-de-chaussée
[ʀedʃose] *n*
das Erdgeschoss

On habite au **rez-de-chaussée** pour que Chrissi puisse tout le temps sortir.

Wir leben im Erdgeschoss, damit Chrissi jederzeit raus kann.

l'étage
[etaʒ] *n m*
die Etage

Elle habite au sixième, mais je monte au dernier **étage** à pied.

Sie wohnt im Sechsten, aber ich gehe die letzte Etage zu Fuß.

l'entrée
[ɑ̃tʀe] n f
der Eingang

la sortie
[sɔʀti] n
der Ausgang

Une porte tambour est à la fois une entrée et une sortie.

Eine Drehtür ist Eingang und Ausgang zugleich.

la porte
[pɔʀt] n
die Tür

Cette porte-là n'est visible qu'à la pleine lune.

Nur bei Vollmond ist jene Tür sichtbar.

louer
[lwe] v
mieten, vermieten

Je loue mon canapé à des touristes.

Ich vermiete mein Sofa an Touristen.

habiter
[abite] v
wohnen

J'habite ici depuis 65 ans. Je n'irai pas en maison de retraite.

Ich wohne hier seit 65 Jahren. Ich gehe nicht ins Altersheim.

> Für „mieten" und „vermieten" verwendet man im Französischen dasselbe Wort: louer.

le **portail**
[pɔʀtaj] n
das Tor

Il n'y a que les invités sur invitation qui passent ce portail.

Durch dieses Tor kommen nur geladene Gäste.

le **toit**
[twa] n
das Dach

Ils ont au moins un toit sur la tête.

Zumindest haben sie ein Dach über dem Kopf.

l'**ascenseur**
[asɑ̃sœʀ] n m
der Aufzug

Prenons l'escalier, l'ascenseur est trop cher pour moi.

Lass uns die Treppe nehmen, der Aufzug ist mir zu teuer.

la **pièce**
[pjɛs] n
das Zimmer, der Raum

L'aménagement de la pièce est assez intéressante…

Die Zimmereinrichtung ist ziemlich interessant…

le **bâtiment**
[bɑtimɑ̃] n
das Gebäude

entrer
[ɑ̃tʀe] v
eintreten

le **loyer**
[lwaje] n
die Miete

(se) **loger**
[(sə)lɔʒe] v
unterkommen, übernachten

sonner
[sɔne] v
klingeln

Sonnez, Monsieur le commissaire, je vais chercher la voiture.

Klingeln Sie, Herr Kommissar, ich hole schon mal den Wagen.

ouvrir
[uvʀiʀ] v
öffnen, aufmachen

Ma petite dame, **ouvre** donc le piège !

Frauchen, mach doch mal die Falle auf.

fermer
[fɛʀme] v
schließen, zumachen

Ferme les yeux et détends-toi !

Schließ die Augen und entspann' dich.

le plafond
[plafɔ̃] n
die Decke

Le **plafond** vit. Il va bientôt tomber.

Die Decke lebt. Bald kommt sie runter.

la fenêtre
[fnɛtʀ(ə)] n
das Fenster

En tant que chef de service, j'ai enfin un bureau avec une **fenêtre**.

Als Abteilungsleiter habe ich endlich ein Büro mit Fenster.

le mur
[myʀ] n
die Wand, die Mauer

Les enfants, eux, sont peints sur le **mur**, la balançoire est vraie.

Die Kinder sind an die Wand gemalt, die Schaukel ist echt.

le sol
[sɔl] n
der (Fuß)Boden

Le matin, je dois d'abord faire un test pour savoir comme le **sol** est froid.

Morgens muss ich erst testen, wie kalt der Fußboden ist.

MITTEN IM LEBEN — WOHNEN 121

la terrasse
[tɛʀas] *n*
die Terrasse

Mia s'était bien installée avec son beignet sur la **terrasse**.

Mia hatte es sich mit ihrem Donut auf der Terrasse gemütlich gemacht.

le balcon
[balkɔ̃] *n*
der Balkon

Tu viens me voir sur le **balcon** cette nuit ?

Kommst du heute Nacht zu mir auf den Balkon?

l'escalier
[ɛskalje] *n m*
die Treppe

Dans cet **escalier**, j'ai tout le temps le tournis.

Auf dieser Treppe wird mir immer schwindelig.

la serrure
[seʀyʀ] *n*
das Schloss

la clé
[kle] *n*
der Schlüssel

Mettez la **clé** dans la **serrure** avec précaution, s'il vous plaît.

Bitte den Schlüssel sehr vorsichtig ins Schloss stecken.

la cave
[kav] *n*
der Keller

Théo a de vrais trésors à la **cave**.

Theo hat echte Schätzchen im Keller.

le garage
[gaʀaʒ] *n*
die Garage, die Autowerkstatt

Ils mettaient trois minutes du **garage** au lieu d'intervention.

Von der Garage zum Einsatzort brauchten sie nur drei Minuten.

l'appartement, le logement
[apaʀtəmɑ̃], [lɔʒmɑ̃] *n m*
die Wohnung

L'**appartement** est tellement cher qu'on peut commencer par oublier les meubles.

Die Wohnung ist so teuer, dass wir uns neue Möbel erstmal sparen.

la salle à manger
[salamɑ̃ʒe] *n*
das Esszimmer

la chambre
[ʃɑ̃bʀ] *n*
das Schlafzimmer

la salle de bains
[saldabɛ̃] *n*
das Badezimmer

le vestibule
[vestibyl] *n*
der Flur

MITTEN IM LEBEN – WOHNEN 123

la **salle de séjour**,
le **salon**
[saldəseʒuʀ], [salõ] *n*
das Wohnzimmer

la **cuisine**
[kɥizin] *n*
die Küche

la **chambre d'amis**
[ʃɑ̃bʀ(ə)dami] *n*
das Gästezimmer

les **toilettes**,
les **W.-C.**
[twalɛt] *n f pl*, [vese] *n m pl*
die Toilette

Der salon wird ausschließlich als Wohnzimmer genutzt, im Gegensatz zum salle de séjour, der Wohn- und Esszimmer sein kann.

la douche
[duʃ] *n*
die Dusche

Douche ou baignoire ? Dans tous les cas, on sera propres.

Dusche oder Badewanne? Sauber wird man in jedem Fall.

la baignoire
[bɛɲwaʀ] *n*
die Badewanne

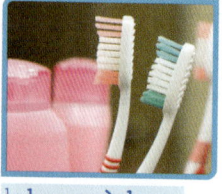

la brosse à dents
[bʀɔsadɑ̃] *n*
die Zahnbürste

La brosse à dents était un signe sûr : elle resterait.

Die Zahnbürste war ein sicheres Zeichen: Sie würde bleiben.

la serviette
[sɛʀvjɛt] *n*
das Handtuch

Ça ne suffit plus de réserver sa chaise longue avec une serviette.

Ein Handtuch zum Reservieren der Liege reicht nicht mehr.

se raser
[s(ə)ʀaze] *v*
sich rasieren

Arrête tes bêtises, papa, je ne dois pas encore me raser.

Lass den Quatsch, Papa, ich muss mich noch nicht rasieren.

se laver les dents
[s(ə)laveledɑ̃] *v*
Zähne putzen

Le matin quand je me lave les dents, je dors encore.

Morgens beim Zähneputzen schlafe ich meistens noch.

MITTEN IM LEBEN — WOHNEN

prendre une douche
[pʀɑ̃dʀynduʃ] v
duschen

Pourquoi me baigner dans la mer avec des bestioles si je peux **prendre** aussi **une douche** sur la plage ?

Warum mit Getier im Meer baden, wenn ich am Strand auch duschen kann?

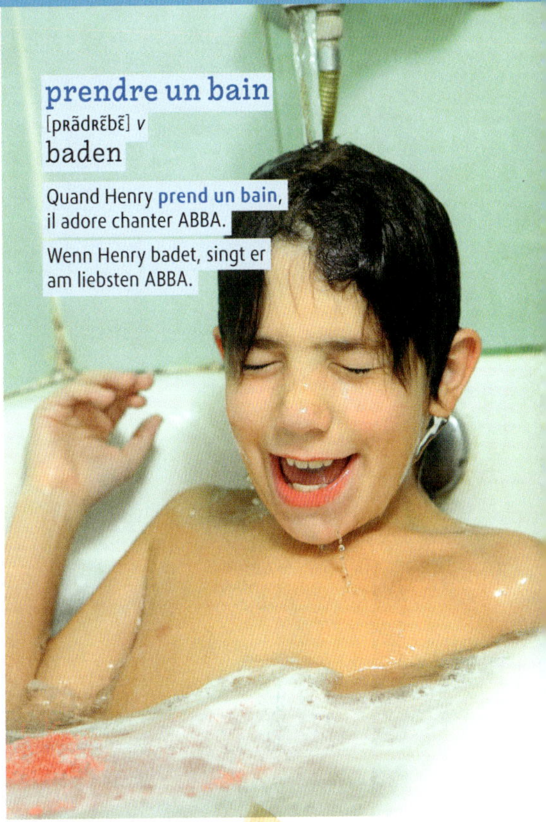

le peigne
[pɛɲ] n
der Kamm

Je me suis payé un **peigne** exprès pour ma barbe.

Ich habe mir für meinen Bart extra einen Kamm zugelegt.

prendre un bain
[pʀɑ̃dʀœ̃bɛ̃] v
baden

Quand Henry **prend un bain**, il adore chanter ABBA.

Wenn Henry badet, singt er am liebsten ABBA.

le shampooing
[ʃɑ̃pwɛ̃] n
das Shampoo

Ce **shampooing** n'arrête pas de mousser.

Dieses Shampoo schäumt einfach ohne Ende.

le sèche-cheveux
[sɛʃʃəvø] n
der Föhn

Qu'un **sèche-cheveux** puisse éveiller de tels sentiments…

Dass ein einfacher Föhn solche Gefühle wecken kann…

la brosse (à cheveux)
[bʀɔs(aʃəvø)] n
die Haarbürste

le savon
[savɔ̃] n
die Seife

la crème
[kʀɛm] n
die Creme

la pâte dentifrice
[pɑtdɑ̃tifʀis] n
die Zahnpasta

EINRICHTUNG

le meuble
[mœbl] *n*
das Möbel(stück)

Surprise, mon nounours : on renouvèle tout l'ameublement – et ces vieux **meubles** vont aux encombrants.

Überraschung, mein Bärchen: Wir richten uns komplett neu ein – und diese alten Möbel kommen auf den Sperrmüll.

la table
[tabl] *n*
der Tisch

la chaise
[ʃɛz] *n*
der Stuhl

MITTEN IM LEBEN — EINRICHTUNG

l'armoire
[ARMWAR] *n f*
der Schrank

Tu entends aussi ces bruits bizarres provenant de l'armoire ?

Hörst du auch diese komischen Geräusche aus dem Schrank?

la lampe
[lɑ̃p] *n*
die Lampe

Ben, je n'ai que faire d'une lampe qui ne fait que fumer.

Bah, mit einer Lampe, die nur raucht, kann ich nichts anfangen.

le lit
[li] *n*
das Bett

Le dimanche dans le lit de maman, c'est là que c'est le mieux.

Bei Mama im Bett ist es sonntags einfach am schönsten.

être assis, être assise
[ɛtʀasi], [ɛtʀasiz] *v*
sitzen

J'ai trouvé ça légèrement inquiétant de voir que le chat était assis là et me regardait.

Ich fand es leicht unheimlich, wie die Katze dasaß und mich anblickte.

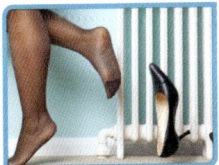

confortable
[kɔ̃fɔʀtabl] *adj*
bequem, gemütlich

Sans ces chaussures, c'est tellement plus confortable.

Ohne diese Schuhe ist es so viel bequemer.

éteindre
[etɛ̃dʀ] v
ausschalten, ausmachen

allumer
[alyme] v
einschalten, anmachen

Ce n'est pas si simple d'**allumer** et d'**éteindre** ici.
Einschalten und ausschalten ist hier gar nicht so einfach.

chauffer
[ʃofe] v
heizen, erhitzen

Je suis obligé de **chauffer** exprès pour mon chat.
Für meine Katze muss ich immer extra heizen.

faire la vaisselle
[fɛʀlavɛsɛl] v
abwaschen, Geschirr spülen

J'ai fait la cuisine, tu dois **faire la vaisselle**.
Ich habe gekocht, du musst abwaschen.

le robinet
[ʀɔbinɛ] n
der Wasserhahn

le cendrier
[sɑ̃dʀije] n
der Aschenbecher

la tasse
[tas] n
die Tasse

la fourchette
[fuʀʃɛt] n
die Gabel

le verre
[vɛʀ] n
das Glas

la petite cuillère
[p(ə)titkɥijɛʀ] n
der Teelöffel

le couteau
[kuto] n
das Messer

la cuillère
[kɥijɛʀ] n
der Löffel

MITTEN IM LEBEN – EINRICHTUNG

le **chauffage**
[ʃofaʒ] n
die Heizung

Le chauffage central de tout le système solaire.

Die Zentralheizung des ganzen Sonnensystems.

C'est bon, maman, je vais aller me chercher moi-même le lait au frigidaire!

le **frigidaire**, le **réfrigérateur**
[fʁiʒidɛʁ], [ʁefʁiʒeʁatœʁ] n
der Kühlschrank

Schon gut, Mama, ich hol' mir die Milch selbst aus dem Kühlschrank!

l'**assiette**
[asjɛt] n f
der Teller

la **poêle**
[pwal] n
die Pfanne

la **cuisinière**
[kɥizinjɛʁ] n
der Herd

À la maison, j'ai une cuisinière à induction bien sûr.

Zu Hause hab' ich natürlich einen Induktionsherd.

la **casserole**, la **marmite**
[kasʁɔl], [maʁmit] n
der Kochtopf

Nous n'avons qu'une marmite, tout doit y rentrer donc.

Wir haben nur einen Kochtopf, da muss eben alles rein.

la **boîte**
[bwat] *n*
die Schachtel

Maria ne veut plus du tout sortir de sa **boîte**.

Maria will gar nicht mehr raus aus ihrer Schachtel.

la **glace**, le **miroir**
[glas], [mirwaʀ] *n*
der Spiegel

Il pouvait s'admirer pendant des heures dans le **miroir**.

Er konnte sich stundenlang im Spiegel betrachten.

le **lave-linge**, la **machine à laver**
[lavlɛ̃ʒ] [maʃinalave] *n*
die Waschmaschine

Mon **lave-linge** mange mes chaussettes.

Meine Waschmaschine frisst meine Socken.

la **bougie**
[buʒi] *n*
die Kerze

Chaque **bougie**, que nous **allumons**, est liée à une pensée pour un être cher.

Jede Kerze, die wir anzünden, ist mit dem Gedanken an einen lieben Menschen verbunden.

allumer
[alyme] *v*
anmachen, anzünden, einschalten

MITTEN IM LEBEN — EINRICHTUNG

la poubelle
[pubɛl] *n*
der Mülleimer,
die Mülltonne

Incroyable tout ce qu'on peut trouver dans une **poubelle**.

Erstaunlich, was man so alles in der Mülltonne findet.

propre
[pRɔpR] *adj*
sauber

Une énergie absolument **propre** est une illusion.

Absolut saubere Energie ist eine Illusion.

sale
[sal] *adj*
schmutzig

Qu'est-ce que vous êtes **sales** ! Bon, allez vite faire un bisou à papa.

Ihr seid aber schmutzig! Na, dann gebt schnell noch dem Papa ein Küsschen.

laver
[lave] *v*
waschen

Elle est persuadée qu'il faut me **laver** tous les soirs.

Sie meint wirklich, mich jeden Abend waschen zu müssen.

sécher
[seʃe] *v*
trocknen

Ce n'est pas vraiment une bonne idée si les chemises de couleur **sèchent** au soleil.

Es ist wirklich keine gute Idee, bunte Hemden in der Sonne zu trocknen.

ranger
[Rɑ̃ʒe] *v*
aufräumen

le briquet
[bRikɛ] *n*
das Feuerzeug

nettoyer
[nɛtwaje] *v*
putzen,
sauber machen

BILDUNG

> Si vous croyez que ces applis peuvent remplacer une **éducation** classique, alors vous vous mettez le doigt dans l'œil !

l'éducation
[edykasjɔ̃] *n f*
die Bildung

Wenn Sie glauben, dass irgendwelche Apps eine klassische Bildung ersetzen können, dann sind Sie auf dem Holzweg!

MITTEN IM LEBEN – BILDUNG

apprendre
[apʀɑ̃dʀ] *v*
lernen

C'est avec vous que j'**apprends** le mieux, Monsieur Karloff.

Mit Ihnen lerne ich das am besten, Herr Karloff.

étudier
[etydje] *v*
lernen, studieren

Bien reposé, on peut bien **étudier**.

Nur ausgeschlafen kann man gut studieren.

savoir
[savwaʀ] *v*
wissen

Pauvres intellos, ils **savent** encore tout.

Blöde Streber, wissen mal wieder alles.

> *savoir* heißt „können", wenn man etwas gelernt hat:
> Je savais déjà nager à six ans. – „Ich konnte schon mit sechs Jahren schwimmen."

sur
[syʀ] *prep*
über, von

Je n'ai absolument rien trouvé **sur** ce thème !

Über dieses Thema hab ich absolut nichts gefunden!

le savoir, la connaissance
[savwaʀ], [kɔnɛsɑ̃s] *n*
das Wissen

Tout mon **savoir** vient des livres anciens.

Mein ganzes Wissen stammt aus alten Büchern.

expliquer
[ɛksplike] *v*
erklären

J'**explique** et j'**explique**, mais papi n'arrive pas à **comprendre**.

Ich erkläre und erkläre, aber Opa versteht's einfach nicht.

comprendre
[kɔ̃pʀɑ̃dʀ] *v*
verstehen

la classe
[klas] *n*
die Klasse, das Klassenzimmer

C'est rarement aussi silencieux en **classe**.

So schön ruhig ist es leider nur selten in der Klasse.

enseigner, apprendre à
[ɑ̃seɲe], [apʀɑ̃dʀa] *v*
lehren, unterrichten

Quand j'**enseigne**, je jette les élèves dans l'eau froide.

Wenn ich unterrichte, werfe ich die Schüler ins kalte Wasser.

intéressant, intéressante
[ɛ̃teʀesɑ̃, ɛ̃teʀesɑ̃t] *adj*
interessant

L'œuvre d'art était … euh … **intéressante**.

Das Kunstwerk war … äh … interessant.

s'intéresser à
[sɛ̃teʀese] *v*
sich interessieren für

Anna s'**intéresse** à Simon plus – plus qu'il ne le souhaiterait.

Anna interessiert sich mehr für Simon, als ihm lieb ist.

MITTEN IM LEBEN — BILDUNG

l'exercice
[ɛgzɛʀsis] n m
die Übung

Répéter cet exercice trois fois par jour.
Diese Übung bitte dreimal täglich wiederholen.

l'élève
[elɛv] n m/f
der Schüler, die Schülerin

Il y a des élèves qui aiment vraiment aller à l'école.
Es gibt Schüler, die gehen richtig gern zur Schule.

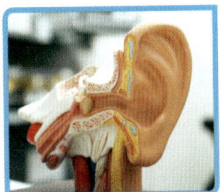

l'exemple
[ɛgzãpl] n m
das Beispiel

Un bon exemple de matériel pédagogique en cours de biologie.
Ein gutes Beispiel für Lehrmaterial im Biologieunterricht.

la matière
[matjɛʀ] n
das Fach

La chimie ? C'est sa matière !
Chemie? Das ist sein Fach!

l'école
[ekɔl] n f
die Schule

Pendant les vacances, l'école est sinistre.
In den Ferien ist die Schule gespenstisch.

de
[də] prep
von
(im Genitiv meist unübersetzt)

La plupart des élèves avait encore besoin d'un peu d'aide.
Die meisten Schüler brauchten noch etwas Unterstützung.

l'enseignant, l'enseignante
[ãsɛɲã, ãsɛɲãt] n m/f
der Lehrer, die Lehrerin

l'intérêt
[ɛ̃teʀɛ] n m
das Interesse

l'emploi du temps
[ãplwadytã] n m
der Stundenplan

le cours
[kuʀ] n
der Kurs, der Unterricht

En **cours**, Sarah veut toujours montrer à tout le monde qu'elle est la meilleure.

Sarah will im Kurs immer allen zeigen, dass sie die Beste ist.

les études
[etyd] n f pl
das Studium

Si, crois-moi, on est en plein milieu de nos **études**.

Doch, glaub's mir ruhig, wir sind mitten im Studium.

le/la professeur
[pʀɔfesœʀ] n
der Professor, die Professorin

Notre **professeur** aimerait tellement être célèbre.

Unser Professor wäre so gerne berühmt.

l'université
[yniversite] n f
die Universität

Je suis super jaloux : je souhaiterais que notre **université** ait une bibliothèque aussi belle.

Ich bin total neidisch: ich wünschte, unsere Universität hätte eine so schöne Bibliothek.

l'étudiant, l'étudiante
[etydjɑ̃, etydjɑ̃t] n m/f
der Student, die Studentin

MITTEN IM LEBEN — BILDUNG

absent, absente
[apsã, apsãt] *adj*
abwesend, nicht da

Apparemment, Valerie est absente aujourd'hui…

Valerie scheint heute nicht da zu sein…

présent, présente
[pʀezã, pʀezãt] *adj*
anwesend, da

Une seconde ! Elle est bien assise là. Elle est même la seule à être présente.

Moment, da sitzt sie doch. Sie ist sogar die Einzige, die da ist.

résoudre
[ʀezudʀ] *v*
lösen

La plupart du temps, on arrive à résoudre les problèmes en réfléchissant.

Probleme lassen sich meist durch Nachdenken lösen.

former, s'entraîner
[fɔʀme], [sãtʀene] *v*
ausbilden

Alex forme des faucons à la chasse. Sois plutôt sympa avec eux deux.

Alex bildet Falken für die Jagd aus. Sei lieber nett zu den beiden.

la page
[paʒ] *n*
die Seite

Le livre s'est ouvert par hasard à la bonne page.

Zufällig war das Buch auf der richtigen Seite aufgeschlagen.

s'exercer
[sɛgzɛʀse] *v*
üben

C'est déjà fascinant de les voir s'exercer.

Schon ihnen beim Üben zuzusehen ist faszinierend.

le cahier
[kaje] *n*
das Heft

la leçon
[l(ə)sõ] *n*
die Lektion

la solution
[sɔlysjõ] *n*
die Lösung

juste
[ʒyst] adj
richtig

faux, fausse
[fo, fos] adj
falsch

se tromper
[s(ə)trɔ̃pe] v
sich irren

Entre le sel et le sucre, on ne devrait pas **se tromper**.

Bei Salz und Zucker sollte man sich nicht irren.

le problème
[prɔblɛm] n
das Problem

Mon mari a toujours des **problèmes** de dosage.

Mit der Dosierung hat mein Mann immer Probleme.

la faute, l'erreur
[fot], [ɛrœr] n f
der Fehler

Ah, je n'appellerai pas ça une **erreur**. On le porte comme ça maintenant.

Ach, Fehler würde ich das nicht nennen. Das trägt man jetzt so.

correctement
[kɔrɛkt(ə)mɑ̃] adv
korrekt, fehlerfrei

Comment est-ce que je peux marcher **correctement** sur la ligne s'il n'y a pas de ligne ?

Wie soll ich fehlerfrei auf der Linie gehen, wenn da gar keine Linie ist?

s'améliorer
[sameljɔre] v
sich verbessern

Si tu aides toujours ton frère, il ne va jamais **s'améliorer**.

Wenn du deinem Bruder immer hilfst, wird er sich nie verbessern.

MITTEN IM LEBEN – BILDUNG

l'apprentissage
[apʀɑ̃tisaʒ] *n m*
die Ausbildung

le soin
[swɛ̃] *n*
die Sorgfalt

Il faut prendre particulièrement **soin** des voitures aussi vieilles.

Bei so alten Autos ist besondere Sorgfalt nötig.

l'attention
[atɑ̃sjɔ̃] *n f*
die Aufmerksamkeit

J'attends de mon chien une **attention** absolue.

Ich erwarte von meinem Hund absolute Aufmerksamkeit.

échouer à
[eʃwea] *v*
durchfallen

Encore **échoué**. Je n'aurais jamais le permis de conduire.

Schon wieder durchgefallen. Den Führerschein krieg' ich nie.

DIE STEIGERUNG VON „GUT"

bon, bonne
[bɔ̃, bɔn] *adj*
gut

meilleur, meilleure
[mɛjœʀ] *adj*
besser

le meilleur, la meilleure
[ləmɛjœʀ] *adj*
am besten

bien
[bjɛ̃] *adv*
gut

mieux
[mjø] *adv*
besser

le mieux
[ləmjø] *adv*
am besten

DIE STEIGERUNG VON „SCHLECHT"

mauvais, mauvaise
[mɔvɛ, mɔvɛz] *adj*
schlecht

plus mauvais, pire
[plymɔvɛ], [piʀ] *adj*
schlechter

le plus mauvais, le pire
[ləplymɔvɛ], [ləpiʀ] *adj*
am schlechtesten

mal
[mal] *adv*
schlecht

plus mal
[plymal] *adv*
schlechter

le plus mal
[ləplymal] *adv*
am schlechtesten

s'inscrire
[sɛ̃skʀiʀ] v
sich anmelden

Quoi ? Il te faut une demi-journée pour **t'inscrire** ?

Echt? Einen halben Tag brauchst du, um dich anzumelden?

le bulletin
[byltɛ̃] n
das Zeugnis

J'ai failli envoyer aussi mon **bulletin** en l'air.

Jetzt hätte ich fast auch mein Zeugnis in die Luft geworfen.

la note
[nɔt] n
die Note

Kim a encore eu la meilleure **note** de tous.

Kim hat von allen wieder die besten Noten bekommen.

l'examen
[ɛgzamɛ̃] n m
die Prüfung

Il est beaucoup plus difficile de copier pour cet **examen**.

Abschreiben ist bei dieser Prüfung erheblich schwerer.

MITTEN IM LEBEN – BILDUNG 141

Arrête de tout **répéter** !

Arrête toi de tout **répéter** !

répéter
[ʀepete] v
wiederholen

Hör auf, alles zu wiederholen!

Hör du auf, alles zu wiederholen!

difficile
[difisil] adj
schwierig

À partir d'ici, la descente va être difficile.

Ab hier könnte der Abstieg schwierig werden.

facile
[fasil] adj
leicht, einfach

Le plat préféré de Lotte est très facile à faire.

Lottes Lieblingsgericht geht ganz einfach.

l'inscription
[ɛ̃skʀipsjɔ̃] n m
die Anmeldung

la difficulté
[difikylte] n
die Schwierigkeit

simple
[sɛ̃pl] adj
einfach

le contrôle
[kɔ̃tʀol] n
der Test

tester
[tɛste] v
testen

Je prends un pied d'enfer à tester les voitures.

Autos zu testen macht mir einen Höllenspaß.

SPRACHE

la **langue**
[lɑ̃g] *n*
die Sprache

Pour comprendre la **langue** des abeilles, il faut connaître la danse des abeilles.

Um die Sprache der Bienen zu verstehen, muss man den Bienentanz kennen.

MITTEN IM LEBEN — SPRACHE

la lettre
[lɛtʀ] n
der Buchstabe

Zut ! Ma machine à écrire n'a que des **lettres** cyrilliques.

Mist! Meine Schreibmaschine hat nur kyrillische Buchstaben.

vouloir dire
[vulwaʀdiʀ] v
bedeuten

Papa, qu'est-ce que ça **veut dire** la « transcendance » ?

Papa, was bedeutet eigentlich „Transzendenz"?

l'alphabet
[alfabɛ] n m
das Alphabet

Mon Leon connaissait l'**alphabet** à un an et demi !

Mein Leon konnte schon mit eineinhalb das Alphabet!

traduire
[tʀadɥiʀ] v
übersetzen

Martin Luther **traduisit** la Bible en allemand.

Martin Luther übersetzte die Bibel ins Deutsche.

le dictionnaire
[diksjɔnɛʀ] n
das Wörterbuch

Depuis toujours utile : un **dictionnaire**.

Schon immer hilfreich: ein Wörterbuch.

la prononciation
[pʀɔnõsjasjõ] n
die Aussprache

Quand Thomas s'énerve, sa **prononciation** n'est pas claire.

Wenn sich Thomas ärgert, wird seine Aussprache undeutlich.

le texte
[tɛkst] n
der Text

Grand-mère écrit depuis longtemps ses **textes** à l'ordinateur.

Großmutter schreibt ihre Texte schon lange auf dem Computer.

la traduction
[tʀadyksjõ] n
die Übersetzung

le mot
[mo] n
das Wort

la phrase
[fʀaz] n
der Satz

le nom
[nõ] n
das Substantiv

le verbe
[vɛʀb] n
das Verb

l'adjectif
[adʒɛktif] n m
das Adjektiv

l'adverbe
[advɛʀb] n m
das Adverb

la grammaire
[gʀam(m)ɛʀ] n
die Grammatik

le singulier
[sɛ̃gylje] n
die Einzahl

le pluriel
[plyʀjɛl] n
die Mehrzahl

le sens
[sɑ̃s] n
die Bedeutung

épeler
[ep(ə)le] v
buchstabieren

TELEFON & MEDIEN

téléphoner (à)
[telefɔne (a)] *v*
anrufen, telefonieren

Mais bien sûr, chef, vous pouvez me **téléphoner** à tout moment.

Aber natürlich, Chef, Sie können mich jederzeit anrufen.

MITTEN IM LEBEN – TELEFON & MEDIEN

le téléphone
[telefɔn] n
das Telefon

Avec le nouveau **téléphone**, j'ai enfin les mains libres.

Mit dem neuen Telefon habe ich endlich die Hände frei.

composer
[kɔ̃poze] v
wählen

Pour avoir une autre musique d'attente, **composez** le «1».

Für eine andere Warteschleifenmusik wählen sie bitte die „1".

Ce **portable** est à coup sûr antiécoute. C'est moi qui l'ai construit.

Dieses Handy ist garantiert abhörsicher. Hab' ich schließlich selbst gebaut.

le portable
[pɔrtabl] n
das Mobiltelefon, das Handy

le répondeur
[ʁepɔ̃dœʁ] n
der Anrufbeantworter

le coup de fil
[kudfil] n
der Anruf

l'indicatif
[ɛ̃dikatif] n m
die Vorwahl

rappeler
[ʁap(ə)le] v
zurückrufen

se tromper de numéro
[s(ə)tʁɔ̃pednymeʁo] v
sich verwählen

occupé, occupée
[ɔkype] adj
besetzt

le numéro de téléphone
[nymeʁo d(ə)telefɔn] n
die Telefonnummer

Un instant, je vais vite noter ton **numéro de téléphone**.

Moment, ich notiere nur schnell deine Telefonnummer.

l'ordinateur
[ɔʀdinatœʀ] *n m*
der Computer

l'écran
[ekʀɑ̃] *n m*
der Bildschirm

le DVD
[devede] *n*
die DVD

Non, Sarah, tu ne peux pas aller sur l'ordinateur. Je dois travailler.
Nein, Sarah, du kannst jetzt nicht an den Computer. Ich muss arbeiten.

la clé USB
[kleyɛsbe] *n*
der USB-Stick

la touche
[tuʃ] *n*
die Taste

la souris
[suʀi] *n*
die Maus

le clavier
[klavje] *n*
die Tastatur

le courriel, l'e-mail
[kuʀjɛl], [imɛl] *n m*
die E-Mail

Donne, je vérifie les courriels.
Gib her, ich check die E-Mails.

le disque dur
[disk(ə)dyʀ] *n*
die Festplatte

Le disque dur doit être nettoyé à fond.
Die Festplatte muss gründlich gereinigt werden.

l'Internet
[ɛ̃tɛʀnɛt] n m
das Internet

Ce que l'**Internet** ne trouve pas, n'existe pas. Non ?

Was das Internet nicht findet, existiert nicht. Oder?

site Internet
[sitɛ̃tɛʀnɛt] n
die Website

Ici, je peux enfin m'occuper de mon **site Internet**.

Hier kann ich mich endlich mal um meine Website kümmern.

l'imprimante
[ɛ̃pʀimɑ̃t] n f
der Drucker

imprimer
[ɛ̃pʀime] v
ausdrucken

Un instant, je suis en train d'**imprimer** un coquetier avec mon **imprimante** 3D.

Einen Moment, ich drucke noch eben einen Eierbecher mit meinem 3-D-Drucker aus.

cliquer
[klike] v
klicken

Cliquez maintenant sur « Envoyer » pour débiter le montant du compte.

Klicken Sie jetzt auf „absenden", um den Betrag vom Konto abbuchen zu lassen.

le curseur
[kyʀsœʀ] n
der Cursor

On peut écrire là où est le **curseur**.

Wo der Cursor steht, darf geschrieben werden.

> HAL 2000, démarre le **programme** maintenant !

> Je suis désolée, Francis, mais j'ai dû **supprimer** toutes les **données**.

les données
[dɔne] *n f pl*
die Daten

supprimer
[syprime] *v*
löschen

le programme
[prɔgram] *n*
das Programm

HAL 2000, starte jetzt das Programm.

Es tut mir leid Francis, aber ich musste alle Daten löschen.

numérique
[nymerik] *adj*
digital

Personne ne peut l'imiter : la guitare **numérique** dans les airs.

Das macht mir keiner nach: digitale Luftgitarre!

copier
[kɔpje] *v*
kopieren

Tommy **copie** toujours uniquement les œuvres les plus connues.

Tommy kopiert immer nur die bekannteren Werke.

mémoriser
[memɔrize] *v*
sichern, speichern

programmer
[prɔgrame] *v*
programmieren

le fichier
[fiʃje] *n*
die Datei

insérer
[ɛ̃sere] *v*
einfügen

la lettre
[lɛtʀ] n
der Brief

Si cette lettre était arrivée 200 ans plus tôt !

Wäre dieser Brief nur 200 Jahre früher angekommen!

le code postal
[kɔdpɔstal] n
die Postleitzahl

Zut ! Encore un code postal faux.

So ein Mist. Schon wieder eine falsche Postleitzahl!

le courrier
[kuʀje] n
die Post

le timbre
[tɛ̃bʀ] n
die Briefmarke

C'est seul que je préfère regarder ma collection de timbres.

Meine Briefmarkensammlung sehe ich mir am liebsten alleine an.

la carte postale
[kaʀtpɔstal] n
die Postkarte

Une carte postale terrible – exactement la bonne carte pour tata Gertrud !

Schreckliche Postkarte – genau die richtige für Tante Gertrud!

envoyer
[ɑ̃vwaje] v
schicken, senden

Ne fais pas tant de chichis. On envoyait tout le temps les messages comme ça avant.

Stell dich nicht so an. So haben wir früher immer Nachrichten gesendet.

la poste
[pɔst] n
die Post, das Postamt

À la poste, on vend aussi de la camelote.

Im Postamt wird aber auch jede Menge Ramsch verkauft.

le renseignement
[Rɑ̃sɛɲmɑ̃] n
die Information

Elle aurait certains renseignements sur notre prof de sport.

Sie soll gewisse Informationen über unseren Sportlehrer haben.

(re)transmettre
[(Rə)tRɑ̃smɛtR] v
senden

Depuis hier, nous retransmettons avec un triple débit.

Seit gestern senden wir mit dreifacher Leistung.

le spot publicitaire
[spɔtpyblisitɛR] n
der Werbespot

On peut tout vendre avec un spot publicitaire sur le foot.

Mit einem Fußball-Werbespot kann man alles verkaufen.

l'émission
[emisjɔ̃] n f
die Sendung, das Programm

Encore des enfants heureux dans l'émission pour enfants.

Schon wieder nur glückliche Kinder im Kinderprogramm.

MITTEN IM LEBEN – TELEFON & MEDIEN

la radio
[radjo] *n*
das Radio

Ça s'appelle une radio, et YouTube ne passe pas.

Es heißt Radio, und YouTube kann es nicht.

regarder la télé(vision)
[ʀ(a)gaʀdelatele(vizjɔ̃)] *v*
fernsehen

Mamie nous laisse toujours regarder longtemps la télé.

Oma lässt uns immer ganz lange fernsehen.

la télévision
[televizjɔ̃] *n*
das Fernsehen, der Fernseher

À la télévision, la réalité et la fiction se mêlent de plus en plus.

Im Fernsehen vermischt sich immer mehr Wahrheit mit Fiktion.

le journal
[ʒurnal] *n*
die Zeitung

Les gars du **journal** étaient tous là bien sûr.

Die Jungs von der Zeitung waren natürlich schon alle da.

la nouvelle
[nuvɛl] *n*
die Nachricht

La **nouvelle** de sa démission s'est propagée en un rien de temps.

Die Nachricht von seinem Rücktritt verbreitete sich im Nu.

le quotidien
[kɔtidjɛ̃] *n*
die Tageszeitung

Mon **quotidien** est encore humide quand je le reçois.

Meine Tageszeitung ist noch feucht, wenn ich sie bekomme.

MITTEN IM LEBEN – TELEFON & MEDIEN

vrai, vraie
[vʀɛ] *adj*
wahr

Tout est vrai, je jure sur ma bonne réputation.

Das ist alles wahr, dafür bürge ich mit meinem guten Ruf.

la **vérité**
[veʀite] *n*
die Wahrheit

Vous le savez bien : c'est dans le vin que se trouve la vérité !

Sie wissen doch: Im Wein liegt die Wahrheit!

l'**édition**
[edisjɔ̃] *n m*
die Ausgabe

Umberto Eco a déjà feuilleté cette vieille édition.

In dieser alten Ausgabe hat schon Umberto Eco geblättert.

l'**abonnement**
[abɔnmɑ̃] *n m*
das Abonnement

Depuis que j'ai l'abonnement, les journaux s'empilent.

Seit ich das Abonnement habe, stapeln sich hier die Zeitungen.

l'**article**
[aʀtikl] *n m*
der Artikel

Écrire un article ne suffit plus, il faut aussi que je filme …

Einen Artikel zu schreiben reicht nicht mehr, ich muss auch filmen …

le **magazine**,
la **revue**
[magazin], [ʀ(ə)vy] *n*
die Zeitschrift,
die Illustrierte

Ohé ! Vous devez acheter le magazine avant de le lire.

Hallo? Sie müssen die Zeitschrift erst kaufen, bevor Sie sie lesen.

informer
[ɛ̃fɔʀme] *v*
informieren

Aujourd'hui, nous allons vous informer sur l'élection de la plus mauvaise blague de l'année.

Heute informieren wir Sie über die Wahl zum schlechtesten Witz des Jahres.

BERUFE

le **métier**,
la **profession**
[metje], [pʀɔfɛsjõ] *n*
der Beruf

Ah, c'est votre profession ?
On peut alors en vivre ?

Ach, das ist Ihr Beruf?
Kann man denn davon leben?

MITTEN IM LEBEN — BERUFE

professionnel, professionnelle
[pʀɔfɛsjɔnɛl] adj
professionell, beruflich

Je suis une beauté professionnelle.
Ich bin eine berufliche Schönheit.

travailler
[tʀavaje] v
arbeiten

Dans la gadoue jusqu'aux genoux : c'est ce que j'appelle travailler !
Bis zu den Knien im Dreck: Das nenn' ich arbeiten!

les pompiers
[pɔ̃pje] n m pl
die Feuerwehr

Knut aimerait bien être chez les pompiers.
Knut wär' gern bei der Feuerwehr.

l'avocat, l'avocate
[avɔka, avɔkat] n m/f
der Anwalt, die Anwältin

Je joue l'avocat dans une série de début de soirée.
Ich spiele den Anwalt in einer Vorabendserie.

le vendeur, la vendeuse
[vɑ̃dœʀ, vɑ̃døz] n
der Verkäufer, die Verkäuferin

On ne voit encore nulle part de vendeurs.
Mal wieder ist nirgends ein Verkäufer zu sehen.

le policier, la policière
[pɔlisje, pɔlisjɛʀ] n
der Polizist, die Polizistin

La policière essayait de se montrer rassurante.
Die Polizistin versuchte, beruhigend aufzutreten.

le coiffeur, la coiffeuse
[kwafœʀ, kwaføz] n
der Friseur, die Friseurin

La cliente de cette coiffeuse est beaucoup plus patiente que d'autres.
Die Kundin dieser Friseurin ist sehr viel geduldiger als andere.

le poste
[pɔst] n
die Stelle

le travail
[tʀavaj] n
die Arbeit

le patron, la patronne
[patʀɔ̃, patʀɔn] n
der Chef, die Chefin

l'employeur, l'employeuse
[ãplwajœʀ, ãplwajøz] n m/f
der Arbeitgeber,
die Arbeitgeberin

Notre **employeur** a une manière bien spéciale pour motiver.
Unser Arbeitgeber hat eine ganz spezielle Art zu motivieren.

le salarié, la salariée
[salaʀje] n
der Arbeitnehmer,
die Arbeitnehmerin

l'emploi
[ãplwa] n m
die Anstellung,
die Beschäftigung

Je n'ai pas trouvé de meilleur **emploi**.
Eine bessere Beschäftigung habe ich nicht gefunden.

l'équipe
[ekip] n f
das Team

Une **équipe** est un soutien.
Ein Team gibt einem Halt.

le/la collègue
[kɔlɛg] n
der Kollege,
die Kollegin

Je donne encore un peu de travail à ma **collègue** – elle aime le faire.
Ich gebe meiner Kollegin noch ein bisschen Arbeit ab – die macht's gern.

embaucher, engager
[ãboʃe], [ãgaʒe] v
einstellen

Nous aimerions vous **embaucher** en tant que chargé de la jeunesse.
Wir möchten Sie gerne als Jugendbeauftragten einstellen.

employer
[ãplwaje] v
beschäftigen

la direction
[diʀɛksjõ] n
die Geschäftsleitung

le collaborateur, la collaboratrice
[kɔlabɔʀatœʀ, kɔlabɔʀatʀis] n
der Mitarbeiter,
die Mitarbeiterin

MITTEN IM LEBEN – BERUFE

le gérant, la gérante
[ʒerɑ̃, ʒerɑ̃t] n
der Geschäftsführer,
die Geschäftsführerin

Bien négocié : s'il échoue en tant que **gérant**, il aura un dédommagement important.

Gut verhandelt: Wenn er als Geschäftsführer versagt, gibt es eine hohe Abfindung.

le personnel
[pɛʀsɔnɛl] n
das Personal

Mal négocié : si le gérant échoue, il y aura des baisses de salaires au sein du **personnel**.

Schlecht verhandelt: Wenn der Geschäftsführer versagt, gibt es beim Personal Lohnkürzungen.

Bon, Monsieur le collègue, maintenant c'est vous qui êtes **responsable** pour recoudre.

responsable
[ʀɛspɔ̃sabl] adj
zuständig, verantwortlich

So Herr Kollege, fürs Zunähen sind jetzt Sie zuständig.

être au chômage
[ɛtʀoʃomaʒ] phrase
arbeitslos sein

C'est le chien qui était le plus content que Karl **soit au chômage**.

Dass Karl arbeitslos war, freute als Einzigen den Hund.

diriger
[diʀiʒe] v
leiten

Vous avez bien vu : c'est MOI qui **dirige** cette entreprise.

Sie haben schon richtig gesehen: ICH leite diese Firma.

> Viens au **syndicat**, ils disaient, tu pourras vivre quelque chose d'intéressant…

le syndicat
[sɛ̃dika] *n*
die Gewerkschaft

Komm zur Gewerkschaft, hieß es, da kannst du was erleben…

gagner sa vie
[ɡaɲesavi] *phrase*
seinen Lebensunterhalt verdienen

En tant que fonctionnaire, je pourrais **gagner ma vie** plus facilement.

Als Beamter könnte ich meinen Lebensunterhalt leichter verdienen.

gagner
[ɡaɲe] *v*
verdienen

Mon appli **gagne** de l'argent pour moi, je n'ai plus qu'à balayer l'écran.

Für mich verdient meine App das Geld, ich muss nur wischen.

la candidature
[kɑ̃didatyʁ] *n*
die Bewerbung

Sacrée **candidature** en ligne !

Vermaledeite Online-Bewerbung!

MITTEN IM LEBEN — BERUFE 159

la grève
[gʀɛv] n
der Streik

Attendre jusqu'à ce que la grève soit finie ? Là, on peut tout de suite prendre le train !

Warten, bis der Streik beendet ist? Da können wir ja gleich Bahn fahren!

la revendication
[ʀ(ə)vɑ̃dikasjɔ̃] n
die Forderung

Accomplissez nos revendications, et il n'y aura pas de problèmes.

Erfüllen Sie unsere Forderungen, dann gibt es keine Probleme.

le salaire
[salɛʀ] n
der Lohn, das Gehalt

J'ai compté : mon salaire est encore en-dessous du salaire minimum !

Ich hab' nachgerechnet: Mein Gehalt liegt noch unter dem Mindestlohn!

la retraite
[ʀ(ə)tʀɛt] n
die Rente, der Ruhestand

Avec ma maigre retraite, je ne peux pas me permettre de me mettre au repos.

Mit meiner kümmerlichen Rente kann ich mir den Ruhestand nicht leisten.

revendiquer
[ʀ(ə)vɑ̃dike] v
fordern

poser sa candidature
[pozesakɑ̃didatyʀ] phrase
sich bewerben

être en grève
[ɛtʀɑ̃gʀɛv] phrase
streiken

le **bureau**
[byʀo] *n*
das Büro

Hourra ! Dans le nouveau **bureau**, tout le monde a son propre **bureau**.

Hurra! Im neuen Büro hat jeder seinen eigenen Schreibtisch.

le **bureau**
[byʀo] *n*
der Schreibtisch

le **crayon**
[kʀɛjɔ̃] *n*
der Stift

Mike a un **crayon** spécial pour chaque tâche.

Für jede Aufgabe hat Mike einen speziellen Stift.

le/la **secrétaire**
[s(ə)kʀeteʀ] *n*
der Sekretär, die Sekretärin

Si, elle est communicative, notre **secrétaire**.

Doch, kommunikativ ist sie, unsere Sekretärin.

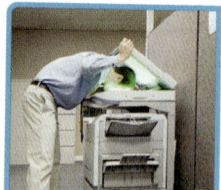

la **photocopieuse**
[fɔtɔkɔpjøz] *n*
der Kopierer

Bernhard ne fait toujours ses photos d'identité qu'à la **photocopieuse**.

Bernhard macht seine Passbilder immer nur auf dem Kopierer.

MITTEN IM LEBEN – BERUFE

les **documents**
[dɔkymã] *n m pl*
die Unterlagen

Quelque part dans les **documents**, il y a la carte du service de livraison de pizzas.

Irgendwo in den Unterlagen muss die Karte vom Pizzaservice sein.

la **carte de visite**
[kaʀt(ə)dəvizit] *n*
die Visitenkarte

Sur la **carte de visite**, il y a tout ce que vous devez savoir sur moi.

Auf der Visitenkarte steht alles, was Sie über mich wissen müssen.

écrire
[ekʀiʀ] *v*
schreiben

Écrire à la main fait couler plus librement les idées.

Mit der Hand zu schreiben lässt die Gedanken freier fließen.

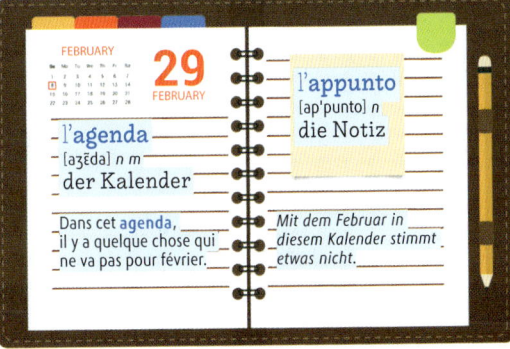

l'**agenda**
[aʒɛ̃da] *n m*
der Kalender

Dans cet **agenda**, il y a quelque chose qui ne va pas pour février.

Mit dem Februar in diesem Kalender stimmt etwas nicht.

l'**appunto**
[ap'punto] *n*
die Notiz

le **papier**
[papje] *n*
das Papier

Le **papier** ne peut pas choisir avec quoi il sera imprimé.

Papier kann sich nicht aussuchen, womit es bedruckt wird.

le **stylo à bille**
[stiloabij] *n*
der Kugelschreiber

noter
[nɔte] *v*
notieren

la **feuille**
[fœj] *n*
das Blatt

le **calendrier**
[kalɑ̃dʀije] *n*
der Kalender

161

ESSEN & TRINKEN

les **aliments**
[alimã] *n m pl*
die Lebensmittel,
die Nahrungsmittel

On ne jette pas d'aliments –
on les mange tous !

Wir werfen keine Lebensmittel
weg – wir essen sie alle auf!

MITTEN IM LEBEN — ESSEN & TRINKEN

manger
[mɑ̃ʒe] *v*
essen

Luca sait déjà **manger** tout seul.

Luca kann schon alleine essen.

la faim
[fɛ̃] *n*
der Hunger

La petite chenille avait encore **faim**.

Die kleine Raupe hatte immer noch Hunger.

boire
[bwaʀ] *v*
trinken

L'après-midi, Akono aime bien **boire** plus que soif.

Nachmittags trinkt Akono gerne mal einen über den Durst.

la soif
[swaf] *n*
der Durst

Je continuais et continuais et j'essayais d'oublier ma **soif**.

Ich ging weiter und weiter und versuchte, meinen Durst zu vergessen.

avoir faim
[avwaʀ fɛ̃] *phrase*
hungrig sein

avoir soif
[avwaʀ swaf] *phrase*
durstig sein

le repas
[ʀ(ə)pɑ] *n*
die Mahlzeit

Bon appétit!
[bɔnapeti] *phrase*
Guten Appetit!

l'appétit
[apeti] *n m*
der Appetit

Il y a trop peu d'entrée – vu son **appétit** …

Die Vorspeise ist viel zu wenig – gemessen an seinem Appetit …

Santé!
[sɑ̃te] *interj*
Prost!

Enfin : le chef a laissé tomber. **Santé** !

Endlich: Der Chef hat aufgegeben. Prost!

épicé, épicée
[epise] *adj*
scharf

Ne les prends pas tous, je n'aime pas trop épicé.
Nimm nicht alle, ich mag es nicht so scharf.

acide
[asid] *adj*
sauer

Sonja adore les choses acides.
Sonja liebt es sauer.

sucré, sucrée
[sykʀe] *adj*
süß

On appelle ces petits trucs sucrés un cauchemar pour les hanches.
Hüftgold nennt man diese süßen Teile.

> J'en reste à mon idée : cette soupe **a un goût de** chaussettes.

avoir un goût de
[avwaʀɛ̃gudə] *phrase*
schmecken nach

Ich bleibe dabei: Diese Suppe schmeckt nach alten Socken.

MITTEN IM LEBEN — ESSEN & TRINKEN

faire la cuisine
[fɛʀlakɥizin] v
kochen

Les samedis, je m'entraîne à **faire la cuisine** avec ma sœur.

Samstags übe ich mit meiner Schwester kochen.

couper
[kupe] v
schneiden

Cette scie **coupe** le bois dur comme du beurre.

Diese Säge schneidet Hartholz wie Butter.

bouillir
[bujiʀ] v
kochen

Ici, la nature **bout** son eau.

Hier kocht die Natur ihr Wasser.

surgelé, surgelée
[syʀʒəle] adj
tiefgekühlt, Tiefkühl-

Celui qui veut aussi manger des baies en hiver, doit prendre des produits **surgelés**.

Wer auch im Winter Beeren will, muss Tiefkühlware nehmen.

frais, fraîche
[fʀɛ, fʀɛʃ] adj
frisch

délicieux, délicieuse
[delisjø, delisjøz] adj
köstlich

préparer
[pʀepaʀe] v
zubereiten

faire réchauffer
[fɛʀʀeʃofe] v
warm machen

cru, crue
[kʀy] adj
roh

Je fais le régime de l'âge de pierre : tout **cru** mais avec du style.

Ich mache die Steinzeit-Diät: alles roh, aber mit Stil.

cuit, cuite
[kɥi, kɥit] adj
gar

Bien sûr que les champignons sont chauds, sinon ils ne seraient pas **cuits**.

Natürlich sind die Pilze heiß, sonst wären sie ja nicht gar.

le **pain**
[pɛ̃] *n*
das Brot

Je n'aime pas ces boulangeries industrielles de pain – je fais mon pain moi-même.

Ich traue diesen Backshops nicht – ich mach' mein Brot selber.

le **morceau**
[mɔʀso] *n*
das Stück

Oh non, juste un tout petit morceau, s'il te plaît !

Ach nein, bitte nur ein ganz kleines Stück!

les **pâtes**
[pat] *n m pl*
die Nudeln

Au Japon, on a aussi le droit d'aspirer les pâtes.

In Japan darf man die Nudeln auch schlürfen.

le **riz**
[ʀi] *n*
der Reis

En ajoutant des truffes, le simple riz devient de la haute cuisine.

Mit Trüffeln wird simpler Reis zur Haute Cuisine.

le **biscuit**
[biskɥi] *n*
der Keks

Chez nous vit un fantôme qui fait disparaître les biscuits.

Bei uns lebt ein Geist, der Kekse verschwinden lässt.

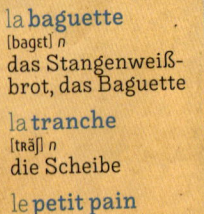

la **baguette**
[bagɛt] *n*
das Stangenweißbrot, das Baguette

la **tranche**
[tʀɑ̃ʃ] *n*
die Scheibe

le **petit pain**
[p(ə)tipɛ̃] *n*
das Brötchen

le **gâteau**
[gato] *n*
der Kuchen

Comment ? Nos gâteaux ne sont pas bons ?

Wie bitte? Unsere Kuchen schmecken Ihnen nicht?

MITTEN IM LEBEN – ESSEN & TRINKEN

les légumes
[legym] *n m pl*
das Gemüse

Légumes de tous pays, unissez-vous !

Gemüse aller Länder, vereinigt euch!

la carrote
[kaʀɔt] *n*
die Möhre

la pomme de terre
[pɔmdətɛʀ] *n*
die Kartoffel

le concombre
[kõkõbʀ] *n*
die Gurke

le maïs
[mais] *n*
der Mais

le poivron
[pwavʀõ] *n*
die Paprika

la tomate
[tɔmat] *n*
die Tomate

Les tomates rouges atterrissent dans la salade ce soir.

Die roten Tomaten landen heute Abend im Salat.

l'oignon
[ɔɲõ] *n m*
die Zwiebel

Je déteste couper les oignons.

Ich hasse es, Zwiebeln zu schneiden.

l'olive
[ɔliv] *n f*
die Olive

Mélangé ou secoué ?
Pas grave, l'essentiel, c'est qu'il y ait des olives.

Gerührt oder geschüttelt? Egal, Hauptsache mit Olive.

le fruit
[fʀɥi] n
die Frucht

On doit d'abord laver les **fruits** avant de les manger.

Man soll die Früchte erst waschen, bevor man sie isst.

la poire
[pwaʀ] n
die Birne

la fraise
[fʀɛz] n
die Erdbeere

la pomme
[pɔm] n
der Apfel

le raisin
[ʀɛzɛ̃] n
die Traube

le citron
[sitʀɔ̃] n
die Zitrone

l'orange
[ɔʀɑ̃ʒ] n f
die Orange

la pêche
[pɛʃ] n
der Pfirsich

La **pêche** me rappelle la peau d'Helga d'il y a 60 ans.

Der Pfirsich erinnert mich an Helgas Haut von vor 60 Jahren.

la cerise
[s(ə)ʀiz] n
die Kirsche

Je n'aime que la **cerise**, tu peux manger le reste.

Ich mag nur die Kirsche, du kannst den Rest haben.

la banane
[banan] n
die Banane

J'épluche à l'aise les **bananes** avec mes mains et mes pieds.

Bananen schäle ich locker mit Händen und Füßen.

MITTEN IM LEBEN — ESSEN & TRINKEN

la **viande**
[vjãd] *n*
das Fleisch

Je peux tout de suite te dire si on peut encore manger cette **viande**.

Ich kann dir gleich sagen, ob man das Fleisch noch essen kann.

le **porc**
[pɔʀ] *n*
das Schweinefleisch

Le **porc**? Coupez le long des lignes.

Schweinefleisch? Bitte entlang der Linien ausschneiden.

le **poulet**
[pulɛ] *n*
das Hühnchen

C'est bien de ne pas avoir dû arracher nous-mêmes les plumes du **poulet**.

Gut, dass wir unser Hühnchen nicht selber rupfen mussten.

le **bœuf**
[bœf] *n*
das Rindfleisch

Mamie ne fait pas cas du régime de l'âge de pierre, elle fait bien cuire le **bœuf** à petit feu.

Oma hält nichts von der Steinzeit-Diät und schmort das Rindfleisch ausgiebig.

le **veau**
[vo] *n*
das Kalbfleisch

le **lard**
[laʀ] *n*
der Speck

le **jambon**
[ʒãbõ] *n*
der Schinken

le **pâté**
[pate] *n*
die Pastete

le **bifteck**, le **steak**
[biftɛk], [stɛk] *n*
das Steak

L'extérieur marron, l'intérieur rouge: c'est comme ça que j'aime mon **steak**!

Außen braun und innen rot: So mag ich mein Steak!

le **saucisse**
[sosis] *n*
die Wurst,
das Würstchen

Tout a une fin, sauf la **saucisse**, elle n'en a pas.

Alles hat ein Ende, nur die Wurst hat keins.

le vinaigre
[vinɛgʀ] *n*
der Essig

Ce vinaigre mûrit plus de douze mois dans un tonneau.

Dieser Essig reift über zwölf Jahre im Fass.

l'huile
[ɥil] *n f*
das Öl

Ma voiture roule sûrement avec de l'huile de salade aussi.

Mein Auto fährt sicher auch mit Salatöl.

le saumon
[somɔ̃] *n*
der Lachs

En sautant, le saumon s'était loupé tragiquement.

Der Lachs hatte sich bei seinem Sprung katastrophal verschätzt.

la crevette
[kʀavɛt] *n*
die Garnele

La crevette est la souveraine incontestée de l'aquarium.

Die Garnele ist die unangefochtene Herrin des Aquariums.

le thon
[tɔ̃] *n*
der Thunfisch

La fin minable d'un thon jadis fier.

Das armselige Ende eines ehemals stolzen Thunfischs.

le **lait**
[lɛ] *n*
die Milch

C'est comme ça que j'aime le plus le lait.

So schmeckt mir die Milch am besten.

la **crème**
[kʀɛm] *n*
die Sahne

Soit de la vraie crème soit pas de gâteau du tout !

Entweder richtige Sahne oder gar keine Torte!

le **beurre**
[bœʀ] *n*
die Butter

Du beurre et du sel – je n'ai pas besoin de plus de choses sur le pain.

Butter und Salz – mehr brauch' ich nicht aufs Brot.

le **fromage**
[fʀɔmaʒ] *n*
der Käse

L'odeur du fromage ne dérange qu'au début.

Der Geruch nach Käse stört einen nur am Anfang.

le **sel**
[sɛl] *n*
das Salz

Ici, il y a assez de sel pour mon œuf.

Hier ist genug Salz für mein Frühstücksei.

l'**œuf**
[œf] *n m*
das Ei

Casser les œufs est un art.

Eier richtig aufzuschlagen ist eine Kunst.

le **jaune d'œuf**
[ʒondœf] *n*
das Eigelb

le **blanc d'œuf**
[blɑ̃dœf] *n*
das Eiweiß

le **bonbon**
[bõbõ] *n*
das Bonbon

Juste des **bonbons** roses pour moi !

Bitte nur rosa Bonbons für mich!

la **glace**
[glas] *n*
das Eis

Lisa aimerait aussi avoir des petits morceaux de toutes les couleurs sur sa **glace.**

Lisa hätte auch gern bunte Stückchen auf ihrem Eis.

la **confiture**
[kõfityʀ] *n*
die Marmelade

Servez-vous ! Toutes les **confitures** sont faites maison.

Greifen Sie zu! Alle Konfitüren sind hausgemacht.

le **chocolat**
[ʃɔkɔla] *n*
die Schokolade

Du **chocolat** en cascades – le top à tous les anniversaires d'enfants.

Schokolade in Kaskaden – der Hit auf jedem Kindergeburtstag.

le **sucre**
[sykʀ] *n*
der Zucker

Tu es toujours obligée de renverser le **sucre** ?

Musst du den Zucker immer umwerfen?

le **miel**
[mjɛl] *n*
der Honig

Je n'aime pas le sucre, je prends juste du **miel** bien frais !

Ich mag keinen Zucker, ich nehme nur ganz frischen Honig!

la **boisson**
[bwasõ] *n*
das Getränk

Pour Marina, il n'y a plus que des **boissons** incolores.

Für Marina gibt es nur noch farblose Getränke.

le **glaçon**
[glasõ] *n*
der Eiswürfel

Les glaçons sont l'alternative peu calorique de la crème glacée.

Eiswürfel sind die kalorienarme Variante von Eiscreme.

l'**eau minérale**
[omineral] *n f*
das Mineralwasser

Je ne sors pas de la maison sans une bouteille d'eau minérale.

Ohne eine Flasche Mineralwasser gehe ich nicht aus dem Haus.

le **vin**
[vẽ] *n*
der Wein

Celui qui veut avoir du vin, doit écraser les raisins.

Wer Wein haben will, muss die Trauben kaputt machen.

Hé, pas touche à ma bière !

la **bière**
[jɛR] *n*
das Bier

He, Finger weg von meinem Bier!

l'**alcool**
[alkɔl] *n m*
der Alkohol

le **café**
[kafe] *n*
der Kaffee

Dans la pub, ils font les petites bulles sur le café avec du produit vaisselle.

In der Werbung machen sie die Bläschen auf dem Kaffee mit Spülmittel.

la **bouteille**
[butɛj] *n*
die Flasche

Il boit déjà à la bouteille ?

Trinkt er schon aus der Flasche?

le **thé**
[te] *n*
der Tee

Pour boire le thé de cette manière, il faut que vous preniez le temps.

Für diese Art, Tee zu trinken, müssen Sie sich Zeit nehmen.

> *Im Französischen ist thé nur der Aufguss aus echten Teeblättern, also schwarzer oder grüner Tee, während Kräuter- oder Früchtetee infusion oder tisane heißt.*

AUSGEHEN

le restaurant
[ʀɛstɔʀɑ̃] *n*
das Restaurant

Au **restaurant**, il faut garder la qualité même quand on a beaucoup de commandes.

Im Restaurant muss man auch bei vielen Bestellungen die Qualität halten.

MITTEN IM LEBEN – AUSGEHEN 175

la **serveuse**
[sɛʀvøz] *n*
die Bedienung

la **carte**
[kaʀt] *n*
die Speisekarte

Ce n'est pas sur la **carte**, mais pourrais-je vous demander…

Es steht nicht auf der Speisekarte, aber dürfte ich Sie bitten…

le **garçon**
[gaʀsõ] *n*
der Kellner, der Ober

Coucou ! **Garçon** !

Halloooo! Herr Ober!

le **pourboire**
[puʀbwaʀ] *n*
das Trinkgeld

C'est un **pourboire** ça ?

Das soll ein Trinkgeld sein?

seulement
[sœlmã] *adv*
nur

… j'ai **seulement** un peu faim.

… ich hab' ja auch nur wenig Hunger.

l'**addition**
[adisjõ] *n f*
die Rechnung

Ce doit être l'**addition** pour la table d'à côté.

Das muss die Rechnung für den Nebentisch sein.

payer
[peje] *v*
bezahlen

Je vous ai **payé** pour votre boulot, maintenant disparaissez !

Ich habe Sie für Ihren Job bezahlt, jetzt verschwinden Sie!

le salon de thé
[salɔ̃d(ə)te] *n*
das Café

Martha était contente qu'Inge ne lui ait pas fait une scène au salon de thé.

Martha war froh, dass Inge ihr im Café keine Szene machte.

le dessert
[desɛʀ] *n*
der Nachtisch

Partageons le dessert : tu auras la petite feuille de menthe.

Lass uns den Nachtisch teilen: Du kriegst das Minzeblättchen.

la pâtisserie
[patisʀi] *n*
die Konditorei

Frustré par tes achats ? À la pâtisserie, tu trouveras toujours quelque chose.

Shopping-Frust? In der Konditorei findest du immer etwas.

le menu
[məny] *n*
das Menü

Oh mon Dieu, le menu est composé de 19 plats.

Oh Gott, das Menü besteht aus 19 Gängen.

le plat
[pla] *n*
der Gang, das Gericht

le café
[kafe] *n*
das Lokal

le bistro(t)
[bistʀo] *n*
die Kneipe

la brasserie
[bʀasʀi] *n*
die Gastwirtschaft

le glacier
[glasje] *n*
die Eisdiele

MITTEN IM LEBEN – AUSGEHEN

la soupe
[sup] n
die Suppe

De la soupe pour 40 personnes – c'est un effort considérable.

Suppe für 40 Mann – das ist ein echter Kraftakt.

la spécialité
[spesjalite] n
die Spezialität

Cette spécialité, je ne peux que l'avaler avec une gnôle.

Diese Spezialität bekomme ich nur mit einem Schnaps runter.

l'omelette
[ɔmlɛt] n f
das Omelett

Demi-finale de la coupe du monde de préparation d'omelettes.

Halbfinale bei der Weltmeisterschaft im Omelettzubereiten.

les frites
[fʀit] n f pl
die Pommes frites

Ces Anglais : du vinaigre au lieu du ketchup sur les frites.

Diese Engländer: Essig statt Ketchup auf die Pommes frites.

le snack
[snak] n
der Schnellimbiss

le croque-monsieur
[kʀɔkməsjø] n
der Schinken-Käse-Toast

la crêpe
[kʀɛp] n
die Crêpe

le sandwich
[sɑ̃dwitʃ] n
das Sandwich

le petit-déjeuner
[p(ə)tideʒœne] n
das Frühstück

Tu me montres enfin ta collection de timbres après le **petit-déjeuner**?

Zeigst du mir nach dem Frühstück endlich deine Briefmarkensammlung?

réserver
[ʀezɛʀve] v
reservieren

Je vous **réserve** la suite Caligula avec plaisir.

Gerne reserviere ich Ihnen die Caligula-Suite.

mettre la table
[mɛtʀ(ə)latabl] phrase
den Tisch decken

Quand je **mets la table**, c'est presque comme une méditation.

Wenn ich die Tische decke, ist das fast wie eine Meditation.

le déjeuner
[deʒœne] n
das Mittagessen

Tanja apprécie le **déjeuner** commun avec André.

Tanja genießt das gemeinsame Mittagessen mit André.

le dîner
[dine] n
das Abendessen

Chéri, dépêche-toi avec le **dîner**, la marée arrive.

Schatzi, beeil dich mit dem Abendessen, die Flut kommt.

la réservation
[ʀezɛʀvasjɔ̃] n
die Reservierung

déjeuner
[deʒœne] v
zu Mittag essen

dîner
[dine] v
zu Abend essen

à emporter
[aɑ̃pɔʀte] phrase
zum Mitnehmen

plein, pleine
[plɛ̃, plɛn] *adj*
voll

La lune est à peine **pleine** que mes cheveux et mes dents poussent.

Kaum wird der Mond voll, sprießen mir die Haare und wachsen die Zähne.

vide
[vid] *adj*
leer

Tous les matins, nous devons aller jeter les bouteilles **vides**.

Jeden Morgen müssen wir die leeren Flaschen wegbringen.

sans
[sɑ̃] *prep*
ohne

Je bois mon café **sans** sucre …

Ich trinke meinen Kaffee ohne Zucker …

avec
[avɛk] *prep*
mit

… quoique, pour celui-ci plutôt **avec**.

… obwohl, bei diesem hier doch lieber mit.

Amuse-toi bien !
[amyztwabjɛ̃] *phrase*
Viel Spaß!

Egon est aussi à la fête ? Et ben, **amuse-toi bien** !

Egon ist auch auf der Party? Na dann viel Spaß!

C'était une bonne idée de **sortir** avec Heidi. Ça promet d'être **amusant**.

amusant, amusante
[amyzɑ̃, amyzɑ̃t] *adj*
amüsant, lustig

sortir
[sɔʀtiʀ] *v*
ausgehen

War eine gute Idee, mit Heidi auszugehen. Das verspricht amüsant zu werden.

le cadeau
[kado] *n*
das Geschenk

Un **cadeau** ? Pour moi ? Merci mamie !

Ein Geschenk? Für mich? Danke, Omi!

l'anniversaire
[anivɛʀsɛʀ] *n m*
der Geburtstag

C'est son **anniversaire**, mais elle n'arrive pas à être vraiment contente.

Sie hat Geburtstag, aber so richtig freuen kann sie sich nicht.

ivre
[ivʀ] *adj*
betrunken

À la fin de la fête d'Helen, nous étions tous **ivres**.

Am Ende von Helens Party waren wir alle betrunken.

féliciter
[felisite] *v*
gratulieren, beglückwünschen

Je peux vous **féliciter** pour votre diplôme en yodel.

Ich darf Ihnen zu Ihrem Jodeldiplom gratulieren.

la fête
[fɛt] *n*
das Fest, die Party

La mort s'est glissée incognito à la **fête** d'halloween d'Anton.

Unerkannt schlich sich der Tod auf Antons Halloween-Party.

MITTEN IM LEBEN — AUSGEHEN

danser
[dɑ̃se] *v*
tanzen

Hey Dolly, das ist das letzte Mal, dass der Typ mit dir tanzt…

Hé Dolly, c'est la dernière fois que le gars **danse** avec toi.

profiter de
[pʀɔfitedə] *v*
genießen

fumer
[fyme] *v*
rauchen

*Ici, je peux **fumer** et je peux même en **profiter**.*
Hier kann ich rauchen und darf es auch noch genießen.

s'amuser
[samyze] *v*
sich amüsieren

la danse
[dɑ̃s] *n*
der Tanz

boire un verre
[bwaʀɛ̃vɛʀ] *phrase*
einen trinken gehen

fêter
[fete] *v*
feiern

KULTUR

l'art
[aʀ] n m
die Kunst

L'art est un médiateur des choses dont on ne peut pas parler.

Die Kunst ist eine Vermittlerin des Unaussprechlichen.

MITTEN IM LEBEN — KULTUR 183

le tableau
[tablo] *n*
das Gemälde

Dis donc, c'est une photo ou un **tableau** ?

Sag mal, ist das ein Foto oder ein Gemälde?

l'atelier
[atəlje] *n m*
das Atelier

Tonton Gustav paie le loyer de l'**atelier** d'Amelie.

Die Miete für Amelies Atelier bezahlt Onkel Gustav.

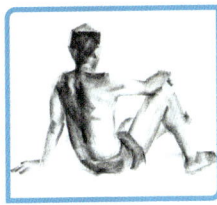

dessiner
[desine] *v*
zeichnen

Larry adore **dessiner** ses amis.

Larry liebt es, seinen Freund zu zeichnen.

la galerie
[galʀi] *n*
die Galerie

Ce jour-là, la **galerie** faisait la moitié de son chiffre d'affaires de l'année.

Die Galerie machte an diesem Tag den halben Jahresumsatz.

C'est comme ça qu'on fait de l'art **moderne** avec un personnage **antique**.

moderne
[mɔdɛʀn] *adj*
modern

antique
[ɑ̃tik] *adj*
antik

So wird aus einer antiken Figur moderne Kunst.

la peinture
[pɛ̃tyʀ] *n*
das Bild

peindre
[pɛ̃dʀ] *v*
malen

exposer
[ɛkspoze] *v*
zeigen

l'œuvre
[œvʀ] *n f*
das Werk, die Arbeit

le théâtre
[teatʀ] n
das Theater

Je ne comprends pas la plupart des choses au **théâtre**, mais j'aime bien regarder.

Das Meiste im Theater verstehe ich nicht, aber ich gucke gerne zu.

la scène
[sɛn] n
die Bühne

le film
[film] n
der Film

C'est fini Hollywood. Maintenant, je fais mon propre **film**.

Schluss mit Hollywood. Ich mach' jetzt meinen eigenen Film.

le cinéma
[sinema] n
das Kino

Au **cinéma**, au moins, elle est rassasiée.

Im Kino wird sie wenigstens satt.

la pièce (de théâtre)
[pjɛs(dəteatʀ)] n
das (Theater)Stück

la représentation
[ʀ(ə)pʀezɑ̃tasjɔ̃] n
die Vorstellung, die Aufführung

mettre en scène
[mɛtʀɑ̃sɛn] v
inszenieren

l'action
[aksjɔ̃] n f
die Handlung

MITTEN IM LEBEN – KULTUR

le livre
[livʀ] n
das Buch

J'avais le sentiment que ce livre me changeait.

Ich hatte das Gefühl, dass das Buch mich veränderte.

lire
[liʀ] v
lesen, vorlesen

Il n'y a que le scanner qui puisse lire les prix ici.

Nur der Scanner kann hier die Preise lesen.

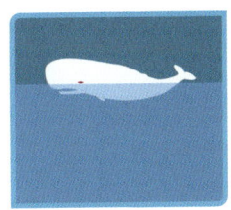

le roman
[ʀɔmã] n
der Roman

Comment s'appelait déjà le roman avec la baleine ?

Wie hieß noch mal dieser Roman mit dem Wal?

la bibliothèque
[biblijɔtɛk] n
die Bücherei, die Bibliothek

Suite à cela, Jamie reçut l'interdiction de rentrer dans la bibliothèque.

Jamie bekam daraufhin Hausverbot in der Bücherei.

le conte de fées
[kõtdəfe] n
das Märchen

Le roi aurait préféré vivre dans un conte de fées.

Der König hätte am liebsten in einem Märchen gelebt.

le lecteur, la lectrice
[lɛktœʀ, lɛktʀis] n
der Leser, die Leserin

le titre
[titʀ] n
der Titel

l'histoire
[istwaʀ] n f
die Geschichte

le conte
[kõt] n
die Erzählung

> Hé, les enfants ont vraiment le sens de la musique.

la musique
[myzik] *n*
die Musik

Hey, die Kinder haben echt ein Gefühl für Musik.

la voix
[vwa] *n*
die Stimme

Incroyable ce qu'elle est à même de faire avec sa voix.

Unglaublich, was sie mit ihrer Stimme vermag.

le concert
[kɔ̃sɛʁ] *n*
das Konzert

C'était le meilleur concert de sa vie.

Das war das tollste Konzert seines Lebens.

l'opéra
[ɔpeʁa] *n m*
die Oper

Dans cet opéra, je ne comprends absolument pas le texte.

In dieser Oper verstehe ich den Text überhaupt nicht.

MITTEN IM LEBEN – KULTUR

chanter
[ʃɑ̃te] v
singen

Gudrun chantait Brunhilde avec ferveur.

Gudrun sang die Brunhilde voll Inbrunst.

la chaîne (hi-fi)
[ʃɛn(ifi)] n
die Stereoanlage

Tu t'y connais encore avec des chaînes comme ça ?

Kennst du dich noch mit so Stereoanlagen aus?

le haut-parleur
['oparlœr] n
der Lautsprecher

Un de ces haut-parleurs devrait fonctionner.

Einer dieser Lautsprecher müsste doch funktionieren.

la chanson
[ʃɑ̃sõ] n
das Lied

Je t'ai écrit une chanson. Tu reviens ?

Ich habe dir ein Lied geschrieben. Kommst du zurück?

doucement
[dusmɑ̃] adv
leise

Parlez doucement. La chef médite.

Sprechen Sie leise. Die Chefin meditiert.

fort
[fɔʀ] adj, adv
laut

Le sifflement dans mon oreille est encore plus fort depuis les travaux.

Der Pfeifton in meinem Ohr ist seit den Bauarbeiten noch lauter geworden.

l'instrument
[ɛ̃strymɑ̃] n m
das Instrument

Je dois probablement encore apprendre un nouvel **instrument**.

Ich muss wahrscheinlich noch ein anderes Instrument lernen.

le piano
[pjano] n
das Klavier

Quand Walter joue du **piano**, Waldi est son critique le plus pointu.

Wenn Walter Klavier spielt, ist Waldi sein schärfster Kritiker.

la guitare
[gitaʀ] n
die Gitarre

Il n'a jamais voulu être paysan, il ne voulait que jouer de la **guitare**.

Nie wollte er Bauer werden, er wollte immer nur Gitarre spielen.

la batterie
[batʀi] n
das Schlagzeug

Ma **batterie** me fait une belle coiffure.

Mein Schlagzeug macht mir die Haare schön.

le tambour
[tɑ̃buʀ] n
die Trommel

Le **tambour** commence à m'agacer.

Die Trommel geht mir langsam auf die Nerven.

MITTEN IM LEBEN — KULTUR 189

l'orchestre
[ɔʀkɛstʀ(ə)] *n m*
das Orchester

L'**orchestre** était à la recherche du rythme.
Das Orchester war auf der Suche nach dem Rhythmus.

la contre-basse
[kõtʀəbas] *n*
der Bass

le violon
[vjɔlõ] *n*
die Geige, die Violine

jouer (d'un instrument)
[ʒwedɛ̃ɛ̃stʀymã] *phrase*
(ein Instrument) spielen

la flute
[flyt] *n*
die Flöte

aigu, aigüe (aiguë)
[egy] *adj*
hoch

Au chant **aigu** du lavaret …
Das hohe Zwitschern des Blaukehlchens …

grave
[gʀav] *adj*
tief

… c'est le brame **grave** de l'éléphant de mer qui y répond immédiatement.
… wird prompt mit tiefem Röhren des See-Elefanten beantwortet.

EINKAUFEN

le **magasin**,
la **boutique**
[magazɛ̃], [butik] *n*
**das Geschäft,
der Laden**

Je n'aimerais pas savoir ce que paient les **magasins** comme loyer.

Ich möchte nicht wissen, was die Läden hier an Miete zahlen.

MITTEN IM LEBEN — EINKAUFEN

Pff. Tout ce qu'on entend par livres pour enfants dans cette librairie…

la librairie
[libʀeʀi] n
die Buchhandlung

Tss. Was man in dieser Buchhandlung so alles unter Kinderbüchern versteht…

le marché
[maʀʃe] n
der Markt

Sur ce genre de marché, c'est encore l'économie réelle qui domine.

Auf dieser Art von Markt herrscht noch Realwirtschaft.

la boulangerie
[bulɑ̃ʒʀi] n
die Bäckerei

Dans ma boulangerie, il n'y a pas de pain complet. Basta !

In meiner Bäckerei gibt es kein Vollkornbrot! Basta!

le grand magasin
[gʀɑ̃magazɛ̃] n
das Kaufhaus

Mais dans ce grand magasin, les jouets sont tout en haut…

Die Spielsachen sind aber in diesem Kaufhaus ganz oben…

le supermarché
[sypɛʀmaʀʃe] n
der Supermarkt

En ce moment, je suis au supermarché. Tu as besoin de quelque chose ?

Ich bin gerade im Supermarkt. Brauchst du was?

l'épicerie
[episʀi] n f
das Lebensmittelgeschäft

le magasin de chaussures
[magazɛ̃d(ə)ʃosyʀ] n
das Schuhgeschäft

la maison de confection
[mɛzɔ̃dkɔ̃fɛksjɔ̃] n
das Bekleidungsgeschäft

le sac (à provisions)
[sakapʀɔvizjɔ̃] n
die Einkaufstasche

Qu'est-ce que tu as dans ton **sac** ?
– Dans lequel ?

*Was hast du in deiner
Einkaufstasche? – In welcher?*

acheter
[aʃ(ə)te] v
kaufen

Non, Lennart, mais enfin,
on n'**achète** pas les enfants
au supermarché.

*Nein, Lennart, man kauft Kinder
doch nicht im Supermarkt.*

fermé, fermée
[fɛʀme] adj
geschlossen

ouvert, ouverte
[uvɛʀ, uvɛʀt] adj
geöffnet, offen

Pourquoi est-ce que la fenêtre de ce
magasin n'est jamais **ouverte** longtemps ?

*Warum ist dieser Fensterladen
immer nur kurz geöffnet?*

vendre
[vɑ̃dʀ] v
verkaufen

Christina **vendait** très discrètement
ses bijoux de mariage.

*Ganz diskret verkaufte Christina
ihren Hochzeitsschmuck.*

la liste de courses
[list(ə)dəkuʀs] n
der Einkaufszettel

La **liste des courses** de Tanja
est numérique, comme ça, elle
ne la perd pas.

*Tanjas Einkaufszettel ist digital,
weil sie ihn so nicht verliert.*

MITTEN IM LEBEN – EINKAUFEN

choisir
[ʃwaziʀ] v
aussuchen

Il faut **choisir** ses amis avec précaution.
Man muss sich seine Freunde sorgfältig aussuchen.

complet, complète
[kɔ̃plɛ, kɔ̃plɛt] adj
vollständig

Petit, mais **complet** !
Klein, aber vollständig!

épuisé, épuisée
[epɥize] adj
ausverkauft

Contre toute attente, le pain complet était **épuisé**.
Das Vollkornbrot war wider Erwarten ausverkauft.

neuf, neuve, nouveau, nouvelle
[nœf, nœv], [nuvo, nuvɛl] adj
neu

Ma **nouvelle** voiture. Bientôt. Je commence à faire des économies.
Mein neues Auto. Bald. Ich fange schon an zu sparen.

d'occasion
[dɔkazjɔ̃] adj
gebraucht, Gebraucht-

Ici, il y a même des ampoules **d'occasion** !
Hier gibt's sogar gebrauchte Glühbirnen!

servir
[sɛʀviʀ] v
bedienen

la vente
[vãt] n
der Verkauf

l'achat
[aʃa] n m
der Kauf

l'offre
[ɔfʀ] n f
das Angebot

bon marché
[bɔ̃maʀʃe] *adj*
billig, günstig

Dieu merci ! On avait trouvé un hôtel **bon marché** à Rome.

In Rom hatten wir Gott sei Dank ein billiges Hotel gefunden.

la réclamation
[ʀeklamasjɔ̃] *n*
die Reklamation

Viktoria recommence encore avec son vieux manège de la **réclamation**.

Viktoria zieht wieder ihr altes Spiel mit der Reklamation ab.

Ton opération du nez était **chère** ?

cher, chère
[ʃɛʀ] *adj*
teuer

War deine Nasen-OP teuer?

la file d'attente
[fildatãt] *n*
die (Warte)Schlange

Aux toilettes pour les hommes, il y avait encore une longue **file d'attente**.

An der Herrentoilette war wieder mal eine lange Schlange.

coûter
[kute] *v*
kosten

faire une réclamation
[fɛʀynʀeklamasjɔ̃] *phrase*
reklamieren

Combien coûte ... ?
[kɔ̃bjɛ̃kut] *phrase*
Was kostet ...?

le reçu
[ʀ(ə)sy] *n*
die Quittung, der Beleg

MITTEN IM LEBEN — EINKAUFEN

dépenser
[depɑ̃se] v
ausgeben

Vous voulez vraiment **dépenser** toutes les pépites d'or pour du savon ?

Wollen Sie wirklich alle Gold-Nuggets für Seife ausgeben?

le prix
[pʀi] n
der Preis

Attends qu'il grêle, alors le **prix** va baisser.

Warte bis es hagelt, dann sinkt der Preis.

échanger
[eʃɑ̃ʒe] v
umtauschen

Je voudrais **échanger** ces euros – la couleur ne me plaît pas.

Ich möchte diese Euros umtauschen – die Farbe gefällt mir nicht.

la caisse
[kɛs] n
die Kasse

Chers clients, la **caisse** 17 va fermer. Ne déposez plus vos achats.

Verehrte Kunden, Kasse 17 schließt. Bitte nichts mehr auflegen.

SPORT & HOBBYS

le sport
[spɔʀ] *n*
der Sport

Le sport, c'est toute ma vie.
Sport ist mein ganzes Leben.

MITTEN IM LEBEN — SPORT & HOBBYS

courir
[kuʀiʀ] v
rennen, laufen

Cours plus vite, le prêtre nous rattrape.

Lauf schneller, der Pfarrer holt auf.

la course
[kuʀs] n
das Rennen

À chaque course, Alina laisse tous les autres derrière elle.

Alina hängt bei jedem Rennen alle anderen ab.

s'entraîner
[sɑ̃tʀene] v
trainieren

Oleg s'entraîne pour son rôle de Rocky VIII.

Oleg trainiert für seine Rolle als Rocky VIII.

le joueur, la joueuse
[ʒwœʀ, ʒwøz] n
der Spieler, die Spielerin

J'ai du mal contre les joueurs en chair et en os.

Gegen Spieler aus Fleisch und Blut tue ich mich leichter.

presque
[pʀɛsk(ə)] adv
fast, beinahe

Je suis presque arrivé deuxième.

Beinahe wäre ich Zweiter geworden.

le **match**
[matʃ] n
das Spiel, das Match

Le match contre les filles menaçait de devenir personnel.

Das Spiel gegen die Mädels drohte, persönlich zu werden.

le **ballon**, la **balle**
[balɔ̃], [bal] n
der Ball

Dirk fait ce qu'il veut avec le ballon.

Dirk macht mit dem Ball, was er will.

> Mit *balle* wird im Allgemeinen ein kleinerer Ball bezeichnet, wie z.B. ein Tennisball, mit *ballon* ein größerer, wie z.B. ein Fuß- oder Handball.

faire du **cheval**
[fɛʀdyʃval] v
reiten

Alexander fait très attention à porter des vêtements qui conviennent quand il fait du cheval.

Alexander achtet sehr auf die passende Kleidung, wenn er reitet.

attraper
[atʀape] v
fangen

Le lion avait une tactique surprenante pour attraper sa proie.

Der Löwe hatte eine überraschende Technik, um seine Beute zu fangen.

sauter
[sote] v
springen

Quand Willi saute, on a l'impression qu'il peut voler.

Wenn Willi springt, sieht es so aus, als könne er fliegen.

MITTEN IM LEBEN — SPORT & HOBBYS

la **randonnée**
[ʀãdɔne] *n*
die Wanderung

Maintenant je suis bien content d'être à cette **randonnée**.

Ich bin jetzt doch froh, dass ich bei der Wanderung dabei bin.

lent, lente
[lã, lãt] *adj*
langsam

Je ne suis pas trop **lent**. Vous êtes trop impatients.

Ich bin nicht zu langsam. Ihr seid zu ungeduldig.

vite, rapide
[vit] *adv*, [ʀapid] *adj*
schnell

Martin doit encore frimer avec son bateau **rapide**.

Martin muss wieder mit seinem schnellen Boot angeben.

l'**adversaire**
[advɛʀsɛʀ] *n m/f*
der Gegner, die Gegnerin

le **but**
[by(t)] *n*
das Tor

tirer
[tiʀe] *v*
schießen

la **compétition**
[kõpetisjõ] *n*
der Wettkampf

le **football**, le **foot**
[futbol], [fut] *n*
der Fußball

Le **foot** est bien aussi au bord du terrain.

Fußball ist auch vom Spielfeldrand aus ganz schön.

lancer
[lãse] *v*
werfen

Hendrik **lance** son huitième but.

Hendrik wirft sein achtes Tor!

nager
[naʒe] *v*
schwimmen

J'aimerais tellement mieux savoir **nager**.

Ich würde so gern besser schwimmen können.

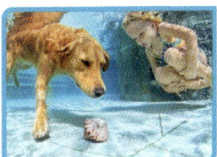

la **piscine**
[pisin] *n*
das Schwimmbad

En principe, les chiens sont interdits à la **piscine**.

Hunde sind im Schwimmbad eigentlich verboten.

le départ
[depaʀ] n
der Start

Déjà dès le **départ**, il a perdu deux secondes.

Er verlor schon beim Start zwei Sekunden.

le/la vainqueur
[vɛ̃kœʀ] n
der Sieger,
die Siegerin

Le **vainqueur** reçoit un service à café de 24 pièces.

Der Sieger bekommt ein 24-teiliges Kaffeeservice.

la ligne d'arrivée
[liɲdaʀive] n
das Ziel, die Ziellinie

C'est avec ses dernières forces qu'Andreas a atteint la **ligne d'arrivée**.

Mit letzter Kraft erreichte Andreas das Ziel.

**le perdant,
la perdante**
[pɛʀdɑ̃, pɛʀdɑ̃t] n
der Verlierer,
die Verliererin

Il faut vous y résigner : vous êtes les **perdants**.

Ihr müsst euch damit abfinden: Ihr seid die Verlierer.

célèbre
[selɛbʀ] adj
berühmt

Ce nez est **célèbre** depuis 3 000 ans.

Diese Nase ist seit über 3000 Jahren berühmt.

la victoire
[viktwaʀ] n
der Sieg

gagner
[gaɲe] v
gewinnen

la défaite
[defɛt] n
die Niederlage

perdre
[pɛʀdʀ] v
verlieren

MITTEN IM LEBEN — SPORT & HOBBYS

Dommage qu'on ne puisse **photographier** que du bord du terrain.

photographier
[fɔtɔgʀafje] v
fotografieren

Schade, dass man nur vom Spielfeldrand aus fotografieren darf.

les loisirs
[lwaziʀ] n m pl
die Freizeit

Laisse-moi – je peux faire ce que je veux pendant mes **loisirs**.

Lass mich – ich kann in meiner Freizeit machen, was ich will.

l'appareil photo
[apaʀɛjfɔto] n m
der Fotoapparat

Mon **appareil photo** peut aussi téléphoner.

Mein Fotoapparat kann auch telefonieren.

le flash
[flaʃ] n
der Blitz

J'adore quand les **flashs** s'allument autour de moi.

Ich liebe es, wenn die Blitze um mich herum aufleuchten.

le motif
[mɔtif] n
das Motiv

J'ai trouvé un **motif** vraiment extraordinaire.

Ich hab' ein wirklich einzigartiges Motiv gefunden.

jouer
[ʒwea] v
spielen

Quand Lara **joue** avec son chat, elle aime bien être un peu méchante.

Wenn Lara mit ihrer Katze spielt, ist sie gern ein bisschen gemein.

le jeu
[ʒø] n
das Spiel

Je n'aurais jamais pensé que vous preniez plaisir à jouer à un **jeu** comme ça…

Hätte ich nie gedacht, dass ihr an so einem Spiel Spaß habt…

le dé
[de] n
der Würfel

Les **dés** sont jetés.
Die Würfel sind gefallen.

la chance
[ʃɑ̃s] n
das Glück

Cette fois encore, la **chance** n'a pas laissé tomber Hannes.

Das Glück ließ Hannes auch diesmal nicht im Stich.

la malchance
[malʃɑ̃s] n
das Pech

Ça alors, c'était de la **malchance**. Essaie encore une fois.

Das war aber jetzt Pech. Probier's einfach noch mal.

la **promenade**
[pʀɔmnad] n
der Spaziergang

Emma rencontre toujours des gens sympas quand elle fait une **promenade**.

Emma trifft immer nette Leute, wenn sie einen Spaziergang macht.

pêcher
[peʃe] v
angeln

Celui qui veut **pêcher** doit pouvoir se tenir tranquille, Patrick.

Wer angeln will, muss stillhalten können, Patrick.

bricoler
[bʀikɔle] v
basteln

Anne-Marie se **bricole** un robot qui range.

Anne-Marie bastelt sich einen Aufräum-Roboter.

les **outils**
[uti] n m pl
das Werkzeug

C'est en utilisant des **outils** qu'on voit l'intelligence.

Im Gebrauch von Werkzeug zeigt sich die Intelligenz.

le **canif**
[kanif] n
das Taschenmesser

Il était si fier : son **canif** avait 27 outils.

Er war so stolz: sein Taschenmesser hatte 27 Werkzeuge.

le **monde**
[mõd] *n*
die Welt

Au bout de deux semaines, j'ai fini mon voyage autour du **monde** – c'est là que je voulais rester !

Meine Reise um die Welt war schon nach zwei Wochen beendet – hier wollte ich bleiben!

DIE GROSSE WELT

REISEN

le **voyage**
[vwajaʒ] *n*
die Reise

Pendant notre **voyage**, le luxe était toujours important pour nous.

Luxus war uns auf unserer Reise immer wichtig.

DIE GROSSE WELT — REISEN

l'**agence de voyage**
[aʒɑ̃sdəvwajaʒ] n f
das Reisebüro

Désolée, mais notre **agence de voyage** est spécialisée dans les voyages en Sibérie.

Tut mir leid, unser Reisebüro ist auf Sibirien-Touren spezialisiert.

la **carte**
[kaʀt(ə)] n
die Landkarte

Un miracle : on touche la **carte** et c'est parti !

Ein Wunder: man berührt nur die Landkarte und schon geht's los!

les **vacances**
[vakɑ̃s] n f pl
der Urlaub,
die Ferien

J'ai besoin de **vacances** !!

Ich! brauche! Urlaub!

le/la **touriste**
[tuʀist] n
der Tourist,
die Touristin

Ça ne peut être que des **touristes**.

Das können nur Touristen sein.

Si tu **réserves** ce voyage, je **vais l'annuler** immédiatement.

annuler
[anyle] v
stornieren

Wenn du diese Reise buchst, storniere ich sie sofort wieder.

réserver
[ʀezɛʀve] v
buchen

la **valise**
[valiz] n
der Koffer

Dans la **valise**, mon frère voyage gratuitement.

In dem Koffer fährt mein Bruder umsonst mit.

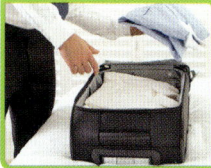

faire ses valises
[fɛʀsevaliz] v
packen

Quand je **fais mes valises**, il manque toujours une chaussette.

Immer, wenn ich den Koffer packe, fehlt eine Socke.

voyager
[vwajaʒe] v
reisen

le **tourisme**
['tuəʀizm] n
der Tourismus

touristique
[tuʀistik] n
touristisch,
Touristen-

les **bagages**
[bagaʒ] n m pl
das Gepäck

le passeport
[paspɔʀ] *n*
der Reisepass

Euh, quel passeport va avec ma nouvelle mission ?

Hm, welcher Pass passt für meine nächste Mission?

valide
[valid] *adj*
gültig

l'hôtel
[otɛl] *n m*
das Hotel

Chic : ici, à l'hôtel, je me paie toujours le service d'étage.

Schick: Hier im Hotel leiste ich mir immer den Zimmerservice.

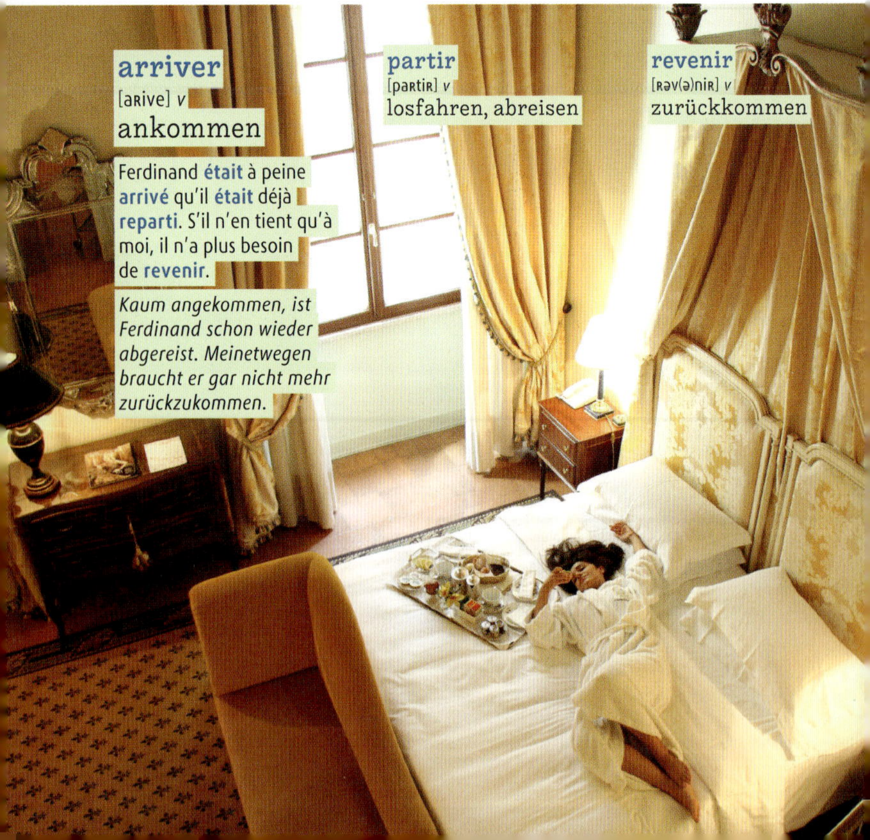

arriver
[aʀive] *v*
ankommen

Ferdinand était à peine arrivé qu'il était déjà reparti. S'il n'en tient qu'à moi, il n'a plus besoin de revenir.

Kaum angekommen, ist Ferdinand schon wieder abgereist. Meinetwegen braucht er gar nicht mehr zurückzukommen.

partir
[paʀtiʀ] *v*
losfahren, abreisen

revenir
[ʀəv(ə)niʀ] *v*
zurückkommen

DIE GROSSE WELT – REISEN

l'**auberge de jeunesse**
[obɛʀʒdəʒœnɛs] *n f*
die Jugendherberge

Avoir une **auberge de jeunesse** dans son château n'aurait pas plu du tout à Monsieur le Comte.

Eine Jugendherberge in seinem Schloss hätte dem Herrn Grafen gar nicht gefallen.

complet, complète
[kɔ̃plɛ, kɔ̃plɛt] *adj*
ausgebucht

Tous les hôtels sont **complets**.

Alle Hotels sind ausgebucht.

la **tente**
[tɑ̃t] *n*
das Zelt

Espèce d'idiot, tu as laissé le miel dans la **tente** ?

Hast du Idiot etwa den Honig im Zelt gelassen?

le **sac de couchage**
[sakdəkuʃaʒ] *n*
der Schlafsack

la **réception**
[ʀesɛpsjɔ̃] *n*
die Rezeption

Avant de disparaître, il lui a laissé un message à la **réception**.

Bevor er verschwand, hinterließ er ihr noch eine Nachricht an der Rezeption.

la **carte d'identité**
[kaʀt(ə)didɑ̃tite] *n*
der Personalausweis

le **camping**
[kɑ̃piŋ] *n*
der Campingplatz

la **chambre double**
[ʃɑ̃bʀədubl] *n*
das Doppelzimmer

la **chambre simple**
[ʃɑ̃bʀəsɛ̃pl] *n*
das Einzelzimmer

la **visite guidée**
[vizitgide] *n*
die Führung

La **visite guidée** a été finie en un temps record, après on a eu un café.

Die Führung war in Rekordzeit beendet, danach gab's Kaffee.

diriger
[diʀiʒe] *v*
führen

visiter
[vizite] *v*
besichtigen

Nous voulions encore **visiter** le château – mais trop tard.

Wir wollten noch das Schloss besichtigen – aber zu spät.

la **mosquée**
[mɔske] *n*
die Moschee

L'église Sainte-Sophie est devenue **mosquée** après 1453 …

Die Hagia Sophia wurde nach 1453 zur Moschee umgebaut …

la **synagogue**
[sinagɔg] *n*
die Synagoge

… la **synagogue** jubilaire de Prague a été finie en 1906 …

… die Jerusalem-Synagoge in Prag wurde 1906 vollendet …

la **cathédrale**
[katedʀal] *n*
der Dom,
die Kathedrale

… il y a toujours les échafaudages sur la **cathédrale** de Cologne.

… am Kölner Dom hängen immer noch die Gerüste.

l'**église**
[egliz] *n f*
die Kirche

Tu as déjà vu une **église** aussi moderne ?

Hast du schon mal so eine moderne Kirche gesehen?

le **musée**
[myze] *n*
das Museum

C'est encore un **musée** ou déjà de l'art en soi ?

Ist das noch ein Museum oder selbst schon Kunst?

DIE GROSSE WELT — REISEN

l'excursion
[ɛkskyʀsjõ] n f
der Ausflug

L'**excursion** ne nous a menés que jusqu'au parc, mais c'était super !

Der Ausflug ging nur in den Stadtpark, war aber super!

la tour
[tuʀ] n
der Turm

La **tour** penchée est tombée maintenant.

Jetzt ist der schiefe Turm doch noch umgekippt.

le palais
[palɛ] n
der Palast

C'est là que tu habites Felipe ? Mais c'est un **palais** !

Hier wohnst du, Felipe? Das ist ja ein Palast!

le château, le château fort
[ʃato, ʃatofɔʀ] n
das Schloss, die Burg

Dans ce **château**, l'immortel de Highlander s'est déjà gelé il y a 500 ans.

Auf dieser Burg hat vor 500 Jahren schon der Highlander gefroren.

LÄNDER

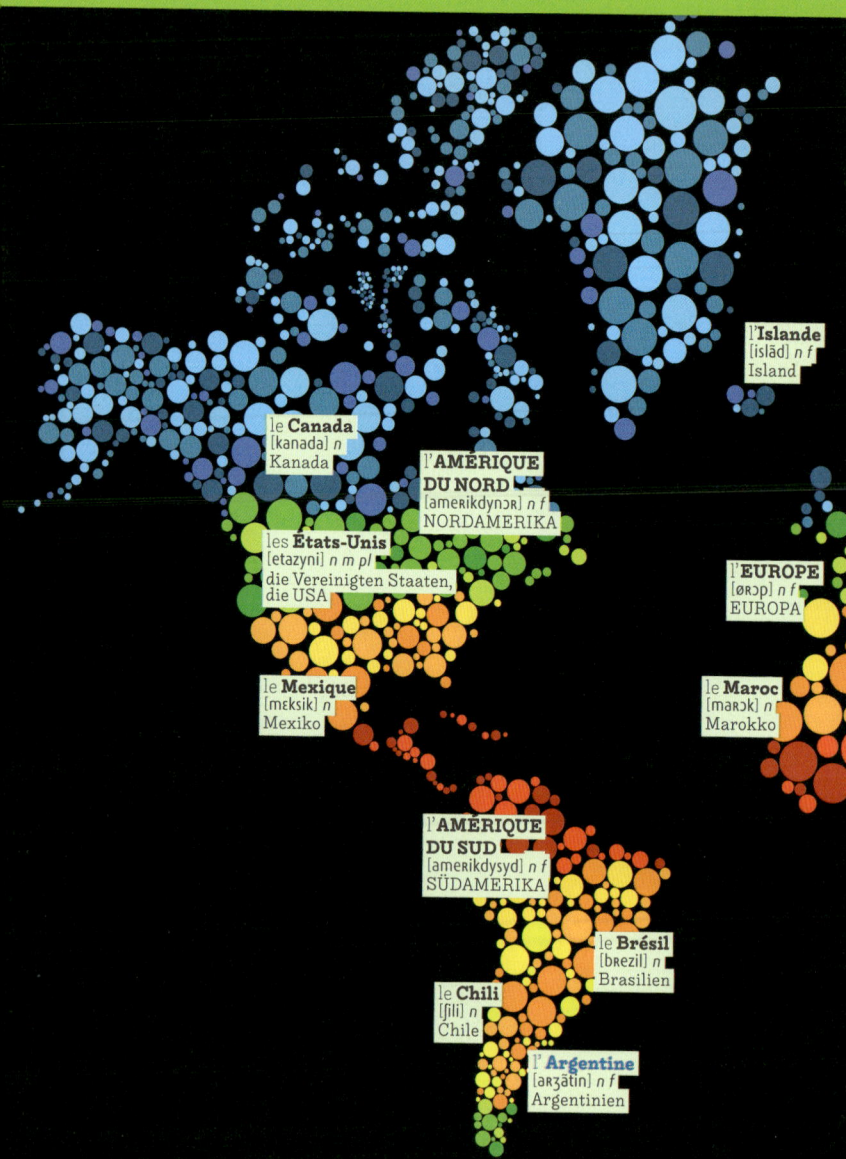

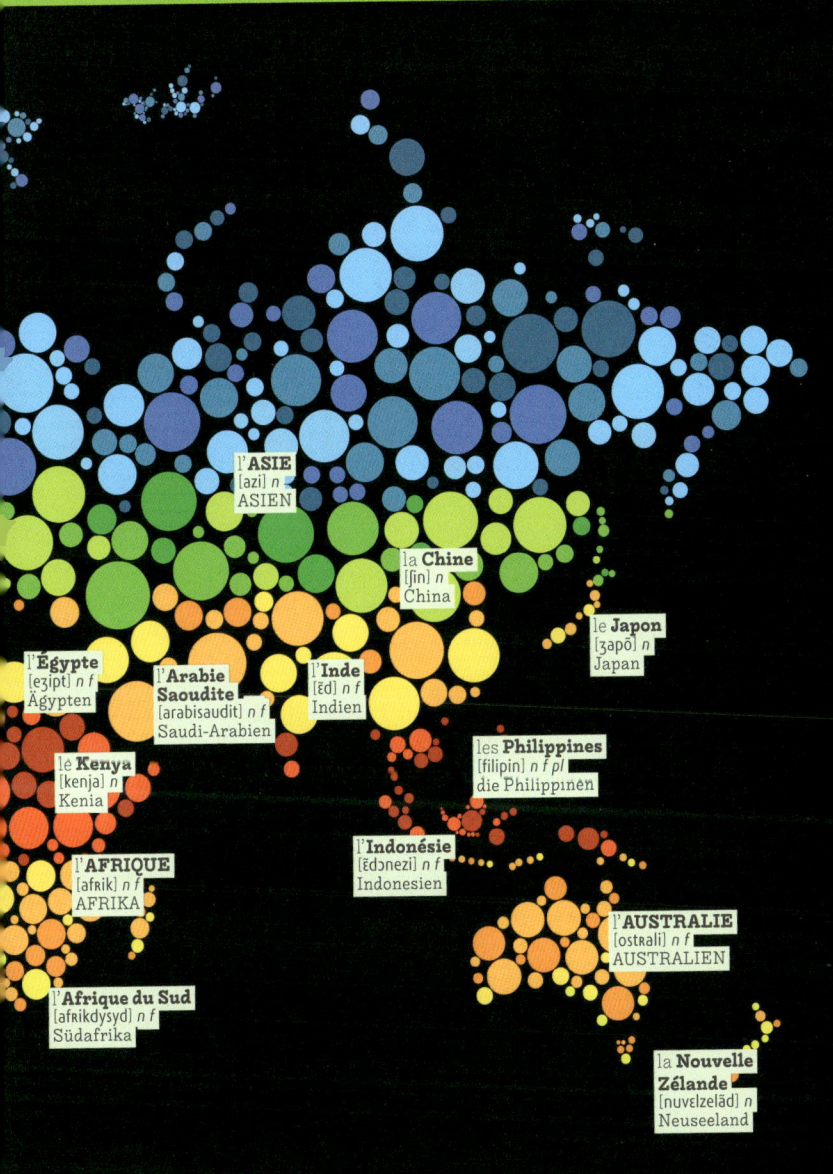

DIE GROSSE WELT – LÄNDER

la **Finlande**
[fɛ̃lɑ̃d] *n*
Finnland

l'**Estonie**
[ɛstɔni] *n f*
Estland

la **Russie**
[rysi] *n*
Russland

la **Lettonie**
[letɔni] *n*
Lettland

la **Biélorussie**
[bjelɔrysi] *n*
Weißrussland

l'**Ukraine**
[ykrɛn] *n f*
Ukraine

la **Roumanie**
[rumani] *n*
Rumänien

la **Bulgarie**
[bylgaRi] *n*
Bulgarien

la **Turquie**
[tyRki] *n*
Türkei

la **Grèce**
[gRɛs] *n*
Griechenland

anglais, anglaise
[ɑ̃glɛ, ɑ̃glɛz] *adj*
englisch

Un petit-déjeuner *anglais* : du bacon, des œufs et des haricots blancs

Englisches Frühstück: Speck, Eier, Bohnen

français, française
[fRɑ̃sɛ, fRɑ̃sɛz] *adj*
französisch

Un petit-déjeuner *français* : un café et un croissant

Französisches Frühstück: Kaffee, Croissant

allemand, allemande
[almɑ̃, almɑ̃d] *adj*
deutsch

Un petit-déjeuner *allemand* : un café, un petit pain, du beurre et de la confiture

Deutsches Frühstück: Kaffee, Brötchen, Butter, Marmelade

espagnol, espagnole
[ɛspaɲɔl] *adj*
spanisch

Un petit-déjeuner *espagnol* : un beignet long et un cacao

Spanisches Frühstück: Churros, Trinkschokolade

suédois, suédoise
[sɥedwa, sɥedwaz] *adj*
schwedisch

irlandais, irlandaise
[iRlɑ̃dɛ, iRlɑ̃dɛz] *adj*
irisch

italien, italienne
[italjɛ̃, italjɛn] *adj*
italienisch

hollandais, hollandaise
[hɔlɑ̃dɛ, hɔlɑ̃dɛz] *adj*
holländisch

suisse
[sɥis] *adj*
schweizerisch

grec, grecque
[gRɛk] *adj*
griechisch

belge
[bɛlʒ] *adj*
belgisch

russe
[Rys] *adj*
russisch

polonais, polonaise
[pɔlɔnɛ, pɔlɔnɛz] *adj*
polnisch

tchèque
[tʃɛk] *adj*
tschechisch

VERKEHR

la **circulation**
[siʀkylasjɔ̃] n
der Verkehr

Les voitures qui roulent plus vite que le conducteur pense sont le plus grand danger pour la **circulation**.

Die größte Gefahr im Verkehr sind Autos, die schneller fahren, als ihr Fahrer denken kann.

la **voiture**
[vwatyʀ] n
das Auto, der Wagen

Ben quoi ? Tu voulais une **voiture** pour tes 18 ans.

Was denn? Du wolltest doch ein Auto zum 18. Geburtstag.

la **moto**
[moto] n
das Motorrad

Quand j'ai entendu « **moto** », j'ai eu peur que tu sois un rocker.

Als ich „Motorrad" hörte, hatte ich schon Angst, du wärst ein Rocker.

le **taxi**
[taksi] n
das Taxi

Taxi, señor ? Vous allez juste devoir aider à pousser.

Taxi, Señor? Sie müssten nur etwas schieben helfen.

la **bicyclette**, le **vélo**
[bisiklɛt], [velo] n
das Fahrrad

Quand j'arrive avec mon **vélo**, les gens font un bond sur le côté.

Komm' ich mit meinem Fahrrad, springen die Leute zur Seite.

C'est la carte de bibliothèque, Sir, pas le **permis de conduire** !

la **route**
[ʀut] n
die Strecke

La **route** le long du fleuve est plus longue mais c'est aussi la plus belle.

Die Strecke am Fluss entlang ist länger, dafür die schönere.

le **conducteur**, la **conductrice**
[kɔ̃dyktœʀ, kɔ̃dyktʀis] n
der Fahrer, die Fahrerin

le **permis de conduire**
[pɛʀmi(d)əkɔ̃dɥiʀ] n
der Führerschein

Das ist ein Bibliotheksausweis, Sir, kein Führerschein!

conduire
[kɔ̃dɥiʀ] v
fahren

la station-service
[stasjɔ̃sɛʀvis] n
die Tankstelle

Il vend à peine d'essence à la station-service, mais les équipes de tournage font la queue.

Benzin verkauft er kaum an der Tankstelle, aber die Filmteams stehen Schlange.

l'essence
[esɑ̃s] n f
das Benzin

le gazole
[gazɔl] n
der Diesel

la rue
[ʀy] n
die Straße

Les rues sont les artères vitales de la ville – avec un risque d'infarctus.

Die Straßen sind die Lebensadern der Stadt – mit Infarktrisiko.

la route
[ʀut] n
die (Land)Straße

Pour des raisons de sécurité, les arbres de cette route devraient être coupés.

Aus Gründen der Sicherheit sollten die Bäume an dieser Straße gefällt werden.

faire demi-tour
[fɛʀd(ə)mituʀ] v
wenden

Qui voulait absolument faire demi-tour ?

Wer wollte denn unbedingt wenden?

le carrefour
[kaʀfuʀ] n
die Kreuzung

Si l'hélice s'arrête, on va s'écraser directement sur le carrefour.

Wenn der Propeller jetzt aussetzt, stürzen wir direkt auf die Kreuzung.

l'autoroute
[otoʀut] n f
die Autobahn

C'est rare que l'autoroute soit si agréablement vide.

So herrlich leer ist die Autobahn nur selten.

DIE GROSSE WELT – VERKEHR

le **parking**
[paʀkiŋ] *n*
der **Parkplatz**

Sur le **parking**, il n'y avait plus une seule place de libre.

Auf dem ganzen Parkplatz war kein einziger Platz mehr frei.

(se) **garer**
[s(ə)ɡaʀe] *v*
parken

le **pneu**
[pnø] *n*
der **Reifen**

Il ne faut pas réparer le **pneu** avant de le regonfler ?

Muss man den Reifen vor dem Aufpumpen nicht erst flicken?

le **feu**
[fø] *n*
die **Ampel**

J'ai failli ne pas voir le **feu**.

Fast hätte ich die Ampel übersehen.

s'**arrêter**
[saʀete] *v*
(an)**halten**

consommer
[kɔ̃sɔme] *v*
verbrauchen

Daddy me l'a offerte, aucune idée de ce qu'elle **consomme**.

Daddy hat ihn mir geschenkt, keine Ahnung, was er verbraucht.

le **trottoir**
[tʀɔtwaʀ] *n*
der **Gehweg**

Ta démarche charmante ennoblit même le **trottoir** le plus ennuyeux.

Dein holder Gang veredelt selbst den langweiligsten Gehweg.

le pont
[pɔ̃] n
die Brücke

En effet, sans le **pont** ça allait plus vite.
Ohne die Brücke ging es tatsächlich schneller.

le chemin de fer
[ʃ(ə)mɛ̃d(ə)fɛʀ] n
die Eisenbahn

Ainsi commença la carrière de mon père au **chemin de fer**.
So begann die Karriere meines Vaters bei der Eisenbahn.

le billet
[bijɛ] n
die Fahrkarte

Sa collection de vieux **billets** a vraiment de la valeur aujourd'hui.
Seine Sammlung alter Fahrkarten ist heute richtig was wert.

manquer, rater
[mɑ̃ke], [ʀate] v
verpassen

Eh, zut ! J'**ai raté** le train… le prochain passe dans trois jours.
Verdammt! Zug verpasst… der nächste fährt in drei Tagen.

l'horaire
[ɔʀɛʀ] n m
der Fahrplan

Tu lis l'**horaire** ? Tu n'pas d'appli ?
Du liest den Fahrplan? Hast du keine App?

l'arrivée
[aʀive] n f
die Ankunft

C'est exactement comme ça que j'ai imaginé mon **arrivée**.
Genau so habe ich mir meine Ankunft vorgestellt.

le départ
[depaʀ] n
die Abfahrt

Le **départ** du train est retardé de quelques minutes.
Die Abfahrt des Zuges verzögert sich um wenige Minuten.

DIE GROSSE WELT – VERKEHR

la gare
[gaʀ] n
der Bahnhof

Verehrte Fahrgäste. Wegen Umbauarbeiten wird dieser Bahnhof gesperrt. Der letzte Zug fährt von Gleis 13. Die Klimaanlage im Zug ist leider ausgefallen. Wir danken Ihnen für Ihr Verständnis.

Chers passagers. En raison des travaux cette **gare** va être fermée. Le dernier train partira du **quai** 13. La climatisation de ce **train** ne marche pas malheureusement. Nous vous remercions de votre compréhension.

le train
[tʀɛ̃] n
der Zug

le quai
[ke] n
der Bahnsteig, das Gleis

la place (assise)
[plas(asiz)] n
der (Sitz)Platz

Entre, il y a une **place** qui vient de se libérer.

Komm rein, Liebling, es ist ein Platz frei geworden.

direct, directe
[diʀɛkt] adj
direkt, durchgehend

J'ai une liaison **directe** jusqu'à la mer.

Ich habe eine direkte Verbindung bis ans Meer.

la correspondance
[kɔʀɛspɔ̃dɑ̃s] n
der Anschluss

changer
[ʃɑ̃ʒe] v
umsteigen

le compartiment
[kɔ̃paʀtimɑ̃] n
das Abteil

le contrôleur, la contrôleuse
[kɔ̃tʀolœʀ, kɔ̃tʀoløz] n
der Schaffner, die Schaffnerin

le tram
[tram] *n*
die Straßenbahn

À Hongkong, les trams ont deux étages.

In Hongkong sind die Straßenbahnen doppelstöckig.

l'arrêt
[aʀɛ] *n m*
die Haltestelle

Comme c'est bien que cet arrêt résiste aux intempéries.

Wie gut, dass diese Haltestelle wetterfest ist.

le bus
[bys] *n*
der Bus

Sur le toit du bus, l'air était nettement meilleur.

Auf dem Dach des Busses war die Luft deutlich besser.

la carte d'abonnement
[kaʀtdabɔnmɑ̃] *n*
die Zeitkarte

la compagnie aérienne
[kɔ̃paɲiaeʀjɛn] *n*
die Fluggesellschaft

l'horaire
[ɔʀɛʀ] *n m*
der Flugplan

le métro
[metro] *n*
die U-Bahn

Je suis bien contente que le métro ne roule pas toujours sous terre.

Ich bin ganz froh, dass die U-Bahn nicht immer im Untergrund fährt.

l'aéroport
[aeʀɔpɔʀ] n m
der Flughafen

À l'**aéroport**, ils ont dit qu'on devait pas laisser traîner sa valise.

Am Flughafen darf man keinen Koffer rumstehen lassen, haben sie durchgesagt.

le vol
[vɔl] n
der Flug

C'est typique ! Il n'y a que mon **vol** qui a du retard.

Typisch! Nur mein Flug hat mal wieder Verspätung.

décoller
[dekɔle] v
starten

Leur groupe **décolle** comme une fusée.

Ihre Band startet wie eine Rakete.

voler
[vɔle] v
fliegen

Aaron et Henry **volent** à qui mieux mieux.

Aaron und Henry fliegen um die Wette.

atterrir
[ateʀiʀ] v
landen

Avant d'applaudir, attendez s'il vous plaît que l'avion **atterrisse**.

Bitte warten Sie mit dem Applaus, bis die Maschine gelandet ist.

l'avion
[avjɔ̃] n m
das Flugzeug

Dans l'**avion**, le pilote préfère jouer avec tous ces boutons.

Im Flugzeug spielt der Pilot am liebsten an den vielen Knöpfchen herum.

couler
[kule] v
sinken

Ce bateau ne peut pas **couler**.

Dieses Schiff ist unsinkbar.

le bateau
[bato] n
das Boot

Dans son **bateau**, il se sentait comme dans Miami Vice.

In seinem Boot fühlte er sich wie bei Miami Vice.

le port
[pɔʀ] n
der Hafen

le ferry
[feʀi] n
die Fähre

Je ne fais pas confiance au bateau, je préfère prendre le **ferry**.

Der Brücke traue ich nicht, ich nehme lieber die Fähre.

DIE GROSSE WELT — VERKEHR

survivre
[syRvivR] *v*
überleben

Les combinaisons protectrices peuvent en effet aider à **survivre**.

Schutzanzüge können durchaus beim Überleben helfen.

entrer en collision
[ãtRẽãkɔlizjõ] *phrase*
zusammenstoßen, kollidieren

Pauvre andouille ! On a failli **entrer en collision** !

Du Riesenrindvieh! Wir wären um ein Haar zusammengestoßen!

tout à coup
[tutaku] *adv*
plötzlich

Tout à coup, Anton eut une super idée.

Anton hatte plötzlich eine super Idee.

la collision
[kɔlizjõ] *n*
der Zusammenstoß

l'appareil
[apaRɛj] *n m*
die Maschine

sauver
[sove] *v*
retten

l'accident
[aksidã] *n m*
der Unfall

Je l'ai pas fait exprès, c'était un **accident**.

Das hab' ich nicht absichtlich gemacht, das war ein Unfall.

TIERE & PFLANZEN

l'**animal**, la **bête**
[animal] *n m*, [bɛt] *n*
das Tier

Non Mia, on ne peut pas les emmener – les animaux n'ont rien à faire dans un appartement !

Nein Mia, die können wir nicht mitnehmen – Tiere gehören nicht in die Wohnung!

la **vache**
[vaʃ] *n*
die Kuh

Ce veau va finir tout le lait de la vache.

Dieses Kalb säuft mir die ganze Milch meiner Kuh weg!

le **veau**
[vo] *n*
das Kalb

le **cochon**
[kɔʃõ] *n*
das Schwein

Parfois il faut bien être un cochon dans la vie.

Im Leben muss man eben manchmal ein Schwein sein.

le **cheval**
[ʃ(ə)val] *n*
das Pferd

J'ai encore misé sur le mauvais cheval aujourd'hui.

Ich hab' heute wieder aufs falsche Pferd gesetzt.

le **chien**
[ʃjɛ̃] *n*
der Hund

Mon chien arrive tout de suite quand j'ouvre sa boîte.

Mein Hund kommt sofort, wenn ich die Dose öffne.

la **chèvre**
[ʃɛvʀ] *n*
die Ziege

Des chèvres qui grimpent aux arbres ? J'y crois pas !

Ziegen, die auf Bäume klettern? Glaub' ich nicht!

le **mouton**
[mutõ] *n*
das Schaf

Quand j'ai sorti l'appareil photo, les moutons m'ont regardé méchamment.

Die Schafe starrten mich böse an, als ich die Kamera zückte.

la **laine**
[lɛn] *n*
die Wolle

Il y a même encore eu assez de laine pour faire un super petit bonnet. Merci maman !

Die Wolle hat auch noch für ein prima Mützchen gereicht. Danke Mami!

la souris
[suʀi] *n*
die Maus

le chat
[ʃa] *n*
die Katze

La souris se sent encore en sécurité mais le chat a le temps…

Noch fühlt sich die Maus sicher, aber die Katze hat Zeit…

l'oiseau
[wazo] *n m*
der Vogel

Les oiseaux n'ont pas aussi vite froid aux pieds que les êtres humains.

Vögel frieren nicht so schnell an den Füßen wie Menschen.

le poisson
[pwasɔ̃] *n*
der Fisch

Je préfère que le poisson de mon sushi soit cuit.

Den Fisch von meinem Sushi mag ich am liebsten gut durchgebraten.

la poule
[pul] *n*
das Huhn

Dis-moi, maman, est-ce que toutes les poules doivent aller à Kentucky ?

Sag mal, Mama, müssen alle Hühner nach Kentucky?

l'herbe
[ɛʀb] *n f*
das Gras

Sentir l'herbe sous les pieds – enfin l'été !

Das Gras unter den Füßen spüren – endlich ist Sommer!

la rose
[ʀoz] *n*
die Rose

Le numéro avec la rose on l'a volé d'un film.

Die Nummer mit der Rose haben wir aus einem Film geklaut.

la fleur
[flœʀ] *n*
die Blume

Les affaires avec les fleurs fleurissent.

Das Geschäft mit Blumen floriert.

DIE GROSSE WELT — TIERE & PFLANZEN

la feuille
[fœj] *n*
das Blatt

l'arbre
[aRbR] *n m*
der Baum

Petite, je suis déjà montée à cet **arbre**. Mais là, on était encore plus petits.

Auf diesen Baum bin ich schon als Mädchen geklettert. Aber da waren wir beide noch kleiner.

la branche
[bRɑ̃ʃ] *n*
der Zweig, der Ast

le bois
[bwa] *n*
das Holz

On a construit une cabane en **bois** au milieu de la forêt.

Mitten im Wald bauten wir ein Baumhaus aus Holz.

le coton
[kɔtɔ̃] *n*
die Baumwolle

Le **coton** devrait suffire pour quelques t-shirts.

Die Baumwolle dürfte für ein paar T-Shirts reichen.

la céréale
[seReal] *n*
das Getreide

Les Allemands font du pain avec des sortes de **céréales** très différentes.

Die Deutschen backen aus den verschiedensten Arten von Getreide ihr Brot.

pousser
[puse] *v*
wachsen

la plante
[plɑ̃t] *n*
die Pflanze

Depuis que des **plantes poussent** ici, je vends plus de ballons.

Seit hier Pflanzen wachsen, verkaufe ich kaum mehr Luftballons.

NATUR & UMWELT

le **paysage**
[peizaʒ] *n*
die Landschaft

Si on déplace le barrage vers le nord, il restera un peu de paysage.

Wenn wir den Staudamm nach Norden verlegen, bleibt noch ein bisschen Landschaft übrig.

DIE GROSSE WELT — NATUR & UMWELT

l'environnement
[ãviRɔnmã] n m
die Umwelt

L'**environnement** intéresse encore moins quand on est loin.
Die Umwelt interessiert umso weniger, je weiter man weg ist.

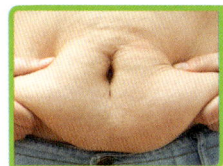

la zone
[zon] n
das Gebiet, die Zone

Ma véritable **zone** à problèmes est ma bouche.
Meine wirkliche Problemzone ist mein Mund.

la région
[ReʒjÕ] n
die Region

Je goûte toutes les spécialités de la **région**.
Ich probiere immer alle Spezialitäten der Region.

régional, régionale
[Reʒjɔnal] adj
regional

Les balades en forêt : une spécialité **régionale** …
Waldspaziergänge: eine regionale Spezialität …

le continent
[kõtinã] n
der Kontinent

Christophe Colomb découvrit le **continent** après les Vikings.
Nach den Wikingern entdeckte auch Kolumbus den Kontinent.

la campagne
[kãpaɲ] n
das Land

La vie est dure à la **campagne**.
Das Leben ist hart auf dem Land.

la terre
[tɛR] n
der Grund, der Boden

L'avion touche à peine la **terre** que M. Limportant est déjà au téléphone.
Kaum berührt das Flugzeug den Boden, schon hängt Herr Wichtig am Telefon.

le sol
[sɔl] n
der Boden, der Erdboden

Tu crois que mon arbre à nounours Haribo va pousser sur ce **sol** ?
Glaubst du, mein Gummibärchenbaum wächst auf diesem Boden?

le fer
[fɛʀ] n
das Eisen

Il vous faut 7 300 tonnes de **fer** ? Quel hasard, on en a ici …

Sie brauchen 7300 Tonnen Eisen? So ein Zufall, die haben wir hier rumstehen …

le gaz
[gaz] n
das Gas

Fausse alarme : ce n'est pas du **gaz** mais la soupe à l'oignon de Lisa.

Falscher Alarm: Es war kein Gas, sondern Lisas Zwiebelsuppe.

le pétrole
[petʀɔl] n
das Erdöl

Quoi, vous brûlez tout ce beau **pétrole** comme ça ?

Wie, ihr verbrennt das ganze schöne Erdöl einfach?

le métal
[metal] n
das Metall

Le **métal** change sa forme sous haute pression.

Metall verändert seine Form unter hohem Druck.

l'or
[ɔʀ] n f
das Gold

Tu trouves comment ma nouvelle dent en **or** ?

Wie findste meinen neuen Goldzahn?

l'argent
[aʀʒɑ̃] n f
das Silber

Au départ, il y avait 96 pièces dans les couverts en **argent**.

Ursprünglich hatte das Silberbesteck mal 96 Teile.

DIE GROSSE WELT — NATUR & UMWELT

le tremblement de terre
[tʀɑ̃bləmɑ̃d(ə)tɛʀ] *n*
das Erdbeben

Non, pas un architecte fou, seulement un **tremblement de terre**.

Nein, kein durchgeknallter Architekt, nur ein Erdbeben.

le désert
[dezɛʀ] *n*
die Wüste

Une piscine au milieu du **désert** – excellent !

Ein Pool mitten in der Wüste – herrlich!

le sommet
[sɔmɛ] *n*
der Gipfel

la montagne
[mɔ̃taɲ] *n*
die Berge, das Gebirge

La **montagne** m'appelle mais je n'écoute pas.

Die Berge rufen, aber ich hör' weg.

le chemin
[ʃ(ə)mɛ̃] *n*
der Weg

Toi et tes raccourcis. Ce **chemin** ne mène à rien !

Du immer mit deinen Abkürzungen. Dieser Weg führt ins Nichts!

la forêt
[fɔʀɛ] *n*
der Wald

la rivière, le fleuve
[ʀivjɛʀ], [flœv] *n*
der Fluss

Nur Flüsse, die ins Meer münden, nennt man fleuve, die anderen Flüsse heißen rivière.

le lac
[lak] n
der See

L'élan sort du lac et je l'attends sur la rive.

Der Elch steigt aus dem See, und ich erwarte ihn am Ufer.

la rive
[ʀiv] n
das Ufer

la côte
[kot] n
die Küste

La maison de vacances sur la côte n'avait pas de plage du tout.

Das Ferienhaus an der Küste hatte überhaupt keinen Strand.

l'île
[il] n f
die Insel

Hé les filles, j'ai loué l'île toute la semaine.

Hey Mädels, ich hab' die Insel die ganze Woche gemietet.

la plage
[plaʒ] n
der Strand

Hannes passait à nouveau une super semaine à la plage.

Hannes verbrachte wieder eine herrliche Woche am Strand.

l'eau
[o] n f
das Wasser

Tu ne veux vraiment pas essayer sur l'eau ?

Willst du es nicht doch mal im Wasser probieren?

DIE GROSSE WELT — NATUR & UMWELT 235

l'océan
[ɔseã] *n m*
der Ozean

la Méditerranée
[meditʀane] *n*
das Mittelmeer

le Pacifique
[pasifik] *n*
der Pazifik

l'Atlantique
[atlɑ̃tik] *n m*
der Atlantik

l'océan Indien
[ɔseã ɛ̃djɛ̃] *n m*
der Indische Ozean

la vague
[vag] *n*
die Welle

On doit traverser cette **vague**, après on y est arrivé.

Wir müssen noch durch diese Welle, dann haben wir es geschafft.

la mer
[mɛʀ] *n*
das Meer

En traversant la **mer** sans bouchon pour aller à la conférence des tortues.

Ohne Stau durchs Meer auf dem Weg zum Schildkrötentreffen.

le temps
[tã] n
das Wetter

Il n'y a pas de mauvais **temps**, seulement de mauvais vêtements.

Es gibt kein schlechtes Wetter, nur falsche Kleidung.

le climat
[klima] n
das Klima

Le **climat** change, mon enfant.

Das Klima verändert sich, mein Kind.

la température
[tãpeʀatyʀ] n
die Temperatur

En ayant la bonne **température**, je peux couper le verre avec les ciseaux.

Bei der richtigen Temperatur schneide ich Glas mit der Schere.

DIE GROSSE WELT — NATUR & UMWELT

ensoleillé, ensoleillée
[ɑ̃sɔleje] *adj*
sonnig

Pour les journées **ensoleillées**, je préfère les boissons sans alcool.

An sonnigen Tagen bevorzuge ich alkoholfreie Drinks.

normal, normale
[nɔrmal] *adj*
normal, üblich

C'est devenu presque **normal** d'avoir de la neige à Pâques.

Schnee zu Ostern ist schon fast normal geworden.

frais, fraîche
[fʀɛ, fʀɛʃ] *adj*
kühl

Celui qui veut avoir un appartement **frais** doit chauffer l'environnement.

Wer die Wohnung kühl haben will, muss die Umwelt heizen.

chaud, chaude
[ʃo, ʃod] *adj*
heiß

froid, froide
[fʀwa, fʀwad] *adj*
kalt

le **nuage**
[nɥaʒ] *n*
die Wolke

Une cylindrée, c'est bien beau, mais le plus important pour lui, c'était le superbe **nuage**.

Hubraum schön und gut, aber das Wichtigste war ihm die schicke Wolke.

la **chaleur**
[ʃalœʀ] *n*
die Hitze, die Wärme

le **froid**
[fʀwa] *n*
die Kälte

couvert, couverte
[kuvɛʀ, kuvɛʀt] *adj*
bewölkt

sec, sêche
[sɛk, sɛʃ] *adj*
trocken

Ça ne sera vraiment **sec** qu'en le séchant à la main.

Richtig trocken wird es nur von Hand.

souffler
[sufle] *v*
wehen, blasen

Quand le **vent souffle** aussi fort, c'est mon coiffeur qui est content.

Wenn der Wind so heftig weht, freut sich mein Friseur.

le vent
[vɑ̃] *n*
der Wind

mouillé, mouillée
[muje] *adj*
nass

Même si je suis **mouillé**, je reste ici jusqu'à ce que Don Silvio ait besoin de moi.

Auch wenn ich nass werde, ich bleibe hier, bis Don Silvio mich braucht.

la tempête
[tɑ̃pɛt] *n*
der Sturm

Mauviettes, vous appelez ce petit air une **tempête** ?

Ihr Memmen, dieses laue Lüftchen nennt ihr einen Sturm?

la pluie
[plɥi] *n*
der Regen

Ça m'amuse beaucoup d'être sous la **pluie** – mes parents moins.

Im Regen habe ich am meisten Spaß – meine Eltern weniger.

l'éclair
[eklɛʀ] *n m*
der Blitz

Les **éclairs** ne reculent pas devant les églises.

Blitze machen auch vor Kirchen nicht Halt.

l'orage
[ɔʀaʒ] *n m*
das Gewitter

le brouillard
[bʀujaʀ] *n*
der Nebel

Le **brouillard** a recouvert la zone industrielle de manière clémente.

Der Nebel hat das Industriegebiet gnädig zugedeckt.

DIE GROSSE WELT – NATUR & UMWELT

neiger
[neʒe] v
schneien

Il n'y a que les enfants qui sont contents quand il **neige**.

Nur Kinder freuen sich, wenn es schneit.

le feu
[fø] n
das Feuer

Toute ma collection de BD **a** aussi **brûlé** dans le **feu**.

Im Feuer verbrannte auch meine ganze Comicsammlung.

brûler
[bʀyle] v
brennen

la glace
[glas] n
das Eis

On préfère rester dedans, le balcon est plein de **glace**.

Bleiben wir lieber drin, der Balkon ist voll Eis.

l'inondation
[inõdasjõ] n f
die Überschwemmung

C'est encore une flaque d'eau ou déjà une **inondation** ?

Ist das noch eine Pfütze oder schon eine Überschwemmung?

nébuleux, nébuleuse
[nebylø, nebyløz] adj
neblig

la neige
[nɛʒ] n
der Schnee

pleuvoir
[plœvwaʀ] v
regnen

WELTALL

l'**univers**
[ynivɛʀ] *n m*
das All,
das Universum

Deux choses sont infinies,
l'**univers** et la bêtise humaine …
*Zwei Dinge sind unendlich,
das Universum und die
menschliche Dummheit …*

l'**espace**
[ɛspas] *n m*
der Weltraum

le ciel
[sjɛl] *n*
der Himmel

Les avions font partie du ciel et pas de la plage.

Flugzeuge gehören in den Himmel, nicht an den Strand.

la lune
[lyn] *n*
der Mond

la terre, la Terre
[tɛʀ] *n*
die Erde

De la Terre à la lune, la lumière met 1,5 secondes.

Von der Erde zum Mond braucht das Licht knapp 1,5 Sekunden.

le soleil
[sɔlɛj] *n*
die Sonne

Le soleil a parfois le sens de la dramaturgie.

Die Sonne hat manchmal einen besonderen Sinn für Dramatik.

l'air
[ɛʀ] *n m*
die Luft

Drôle d'animal : il porte l'air sur le dos.

Seltsames Tier: Es trägt seine Luft auf dem Rücken.

l'étoile
[etwal] *n f*
der Stern

Il y a une étoile pour toutes les vraies stars.

Für jeden echten Star gibt es hier einen Stern.

l'astronaute
[astʀonot] *n m/f*
der Astronaut, die Astronautin

Ce n'est pas tous les astronautes qui s'appellent Major Tom.

Nicht jeder Astronaut heißt Major Tom.

le satellite
[satelit] *n*
der Satellit

Le faisceau de la mort du satellite était dirigé sur Bad Aibling.

Der Todesstrahl des Satelliten richtete sich auf Bad Aibling.

RAUM & ZEIT

le **temps**
[tã] *n*
die Zeit

Après un certain **temps**, le soleil s'est levé à nouveau derrière la lune.

Nach einer gewissen Zeit ging die Sonne wieder hinter dem Mond auf.

DAS JAHR

l'**année**, l'an
[ane] *n f*, [ã] *n m*
das Jahr

On dit que les hommes qui naissent l'**année** du Dragon seront grands.

Im Jahr des Drachen, heißt es, werden große Männer geboren.

RAUM & ZEIT – DAS JAHR

janvier
[ʒɑ̃vje] *n m*
der Januar

février
[fevʀije] *n m*
der Februar

mars
[maʀs] *n m*
der März

avril
[avʀil] *n m*
der April

mai
[mɛ] *n m*
der Mai

juin
[ʒɥɛ̃] *n m*
der Juni

juillet
[ʒɥijɛ] *n m*
der Juli

août
[u(t)] *n m*
der August

septembre
[sɛptɑ̃bʀ] *n m*
der September

octobre
[ɔktɔbʀ] *n m*
der Oktober

novembre
[nɔvɑ̃bʀ] *n m*
der November

décembre
[desɑ̃bʀ] *n m*
der Dezember

le printemps
[pʀɛ̃tɑ̃] *n*
der Frühling

l'été
[ete] *n m*
der Sommer

l'automne
[ɔtɔn] *n m*
der Herbst

l'hiver
[ivɛʀ] *n m*
der Winter

la saison
[sɛzɔ̃] *n*
die Jahreszeit,
die Saison

Pendant la saison de ski, les médecins ont haute conjoncture.

In der Ski-Saison haben die Ärzte Hochkonjunktur.

le mois
[mwa] *n*
der Monat

Pour beaucoup, le mois d'août signifie vacances.

Der Monat August ist für viele gleichbedeutend mit Ferien.

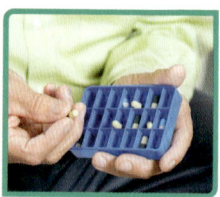

la semaine
[s(ə)mɛn] *n*
die Woche

Heinz prépare ses médicaments pour la semaine.

Heinz richtet seine Medikamente für die Woche her.

RAUM & ZEIT — DAS JAHR 247

> Wenn der Artikel *le* vor *lundi* steht, heißt es montags. Dies gilt auch für die anderen Wochentage.

le week-end
[wikɛnd] *n*
das Wochenende

J'ai enfin revu Manu le week-end.

Am Wochenende habe ich Manu endlich wiedergesehen.

le jour ouvrable
[ʒuʁuvʁabl] *n*
der Werktag

La signature du contrat n'était pas un jour ouvrable comme un autre.

Die Vertragsunterzeichnung war kein Werktag wie jeder andere.

lundi [lœ̃di] *n m*
der Montag

mardi [maʁdi] *n m*
der Dienstag

mercredi [mɛʁkʁədi] *n m*
der Mittwoch

jeudi [ʒødi] *n m*
der Donnerstag

vendredi [vɑ̃dʁədi] *n m*
der Freitag

samedi [samdi] *n m*
der Samstag

dimanche [dimɑ̃ʃ] *n m*
der Sonntag

le **réveillon (de Noël)**
[ʀevɛjɔ̃(dnɔɛl)] n
der Heiligabend

Non Sophie, les boules restent accrochées jusqu'à ce que le **réveillon** soit passé.

Nein Sophie, die Kugeln bleiben bis nach Heiligabend dran.

Noël
[nɔɛl] n m
Weihnachten

Cette année, nous passons **Noël** sur la plage.

Dieses Jahr verbringen wir Weihnachten am Strand.

le **jour de l'an**
[ʒuʀdəlɑ̃] n
der Neujahrstag

Déjà le **jour de l'an**, toutes les bonnes résolutions étaient oubliées.

Schon am Neujahrstag waren alle guten Vorsätze vergessen.

le **réveillon (de la Saint-Sylvestre)**
[ʀevɛjɔ̃ (dlasɛ̃silvɛstʀ)] n
Silvester

Je ne peux pas imaginer le **réveillon de la Saint-Sylvestre** sans feu d'artifice.

Ohne Feuerwerk kann ich mir Silvester gar nicht vorstellen.

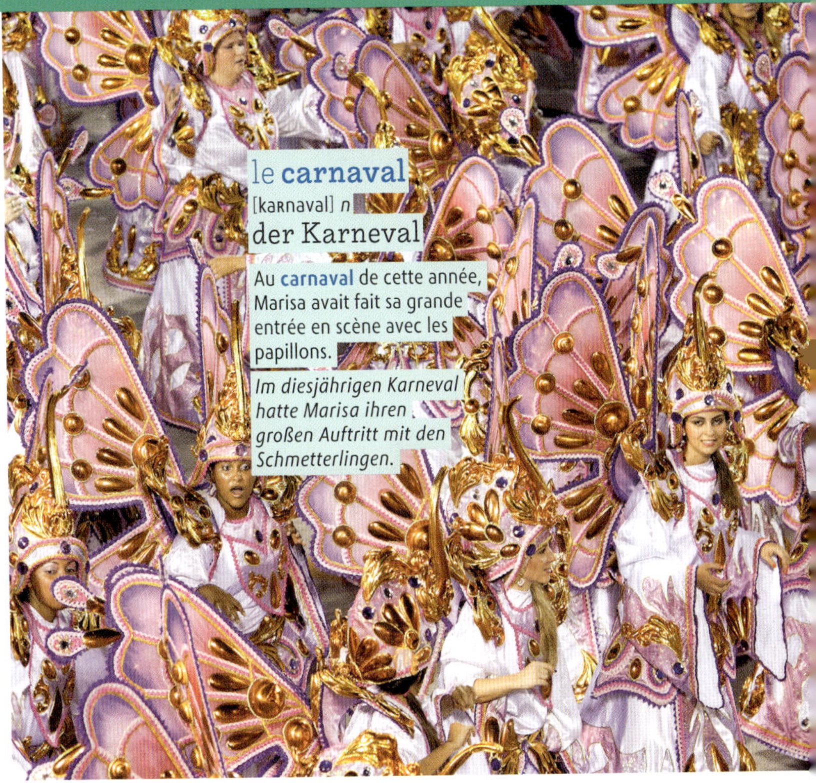

le **carnaval**
[kaʀnaval] *n*
der Karneval

Au **carnaval** de cette année, Marisa avait fait sa grande entrée en scène avec les papillons.

Im diesjährigen Karneval hatte Marisa ihren großen Auftritt mit den Schmetterlingen.

le **Vendredi saint**
[vɑ̃dʀədisɛ̃] *n*
der Karfreitag

Le **Vendredi saint**, il y a des processions partout dans le monde.

Am Karfreitag gibt es überall auf der Welt Prozessionen.

Pâques
[pak] *n f pl*
Ostern

Tu crois vraiment qu'un lapin apporte les œufs à **Pâques** ?

Glaubst du wirklich, dass zu Ostern ein Hase die Eier bringt?

la **Pentecôte**
[pɑ̃tkot] *n*
Pfingsten

À **Pentecôte**, le Saint-Esprit descend.

An Pfingsten kommt der Heilige Geist herab.

DER TAG

le **jour**
[ʒuʀ] *n*
der Tag

C'était le **jour** où Oskar a appris à faire du vélo.

Das war der Tag, als Oskar Fahrrad fahren gelernt hat.

RAUM & ZEIT – DER TAG

quotidien, quotidienne
[kɔtidjɛ̃, kɔtidjɛn] *adj*
täglich

Un aller et un retour – voilà son voyage quotidien.

Einmal hin und zurück – so geht seine tägliche Reise.

minuit
[minɥi] *n m*
die Mitternacht

À minuit apparut le fantôme de la belle-fille morte.

Um Mitternacht erschien der Geist der toten Stieftochter.

l'après-midi
[apʀɛmidi] *n m*
der Nachmittag

Je passe la plupart de mes après-midi au terrain de golf.

Meine Nachmittage verbringe ich meist auf dem Golfplatz.

à l'heure
[œʀ] *adj*
pünktlich

la journée
[ʒuʀne] *n*
der Tag

la matinée
[matine] *n*
der Morgen

la soirée
[swaʀe] *n*
der Abend

le matin
[matɛ̃] *n*
der Morgen

le midi
[midi] *n*
der Mittag

le soir
[swaʀ] *n*
der Abend

la nuit
[nɥi] *n*
die Nacht

dans la matinée, le matin
[dã la matine], [matɛ̃] adv
morgens, vormittags

Le matin, l'école commence toujours à 8 heures.

Die Schule beginnt immer um 8 Uhr morgens.

la seconde
[s(ə)gõd] n
die Sekunde

Encore deux secondes jusqu'à midi.

Es sind noch zwei Sekunden bis zwölf.

de l'après-midi
[de apʀɛmidi] adv
nachmittags, abends

Aujourd'hui, l'école ne finit qu'à trois heures et demie de l'après-midi.

Die Schule endet heute erst um halb vier nachmittags.

la minute
[minyt] n
die Minute

Les épinards surgelés ont besoin de huit minutes au micro-onde.

Tiefkühlspinat braucht acht Minuten in meiner Mikrowelle.

l'heure
[œʀ] n f
die Stunde

Un opéra comme ça peut durer de nombreuses heures. De très nombreuses heures…

So eine Oper kann viele Stunden dauern. Sehr viele Stunden …

> In Zeitangaben heißt heures auch „Uhr": Il est cinq heures dix. – „Es ist fünf Uhr zehn."

à
[a] prep
um

À une heure du matin, il y a encore du monde dans les rues.

Um ein Uhr nachts ist auf den Straßen noch was los.

RAUM & ZEIT – DER TAG

six heures moins sept
[sisœRmwɛ̃sɛt] *phrase*
sieben Minuten vor sechs

neuf heures moins le quart
[nœfœRmwɛ̃ləkaR] *phrase*
Viertel vor neun

trois heures pile
[tRwazœRpil] *phrase*
Punkt drei Uhr

sept heures quatre
[sɛtœRkatR] *phrase*
vier nach sieben

neuf heures et demie
[nœfœRed(ə)mi] *phrase*
halb zehn

Quelle heure est-il ?
[kɛlœRɛtil] *phrase*
Wie spät ist es?

Quelle heure est-il ? –
Aucune idée !
*Wie spät ist es? –
Keine Ahnung!*

le quart d'heure
[kaRdœR] *n*
die Viertelstunde

Elle a dit un **quart d'heure**, et c'était il y a une **demi-heure**.
Eine Viertelstunde hat sie gesagt, und das war vor einer halben Stunde…

la demi-heure
[d(ə)mijœR] *n*
die halbe Stunde

IN DER ZEIT

aujourd'hui
[oʒuʀdɥi] *adv*
heute

Aujourd'hui, je vais choper la vague parfaite.
Heute erwische ich die perfekte Welle.

hier
[jɛʀ] *adv*
gestern

Si seulement j'avais changé l'eau **hier**.

Hätte ich gestern nur das Wasser gewechselt.

demain
[d(ə)mɛ̃] *adv*
morgen

Demain, la fleur devrait être complètement ouverte.

Morgen müsste die Blüte ganz aufgegangen sein.

pendant
[pɑ̃dɑ̃] *prep*
während

Pendant son numéro sur son vélo à une roue, Tom jongle avec cinq balles.

Während seiner Einradnummer jongliert Tom mit fünf Bällen.

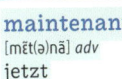

maintenant
[mɛ̃t(ə)nɑ̃] *adv*
jetzt

Maintenant, il s'est enfin endormi.

Jetzt ist er endlich eingeschlafen.

il y a
[ilja] *prep*
vor

C'était **il y a** 85 ans quand mes grands-parents se sont mariés.

Das war vor 85 Jahren, als meine Großeltern heirateten.

la date
[dat] *n*
das Datum

La montre d'Erik montre même la bonne **date**.

Eriks Uhr zeigt sogar das richtige Datum an.

le moment
[mɔmɑ̃] *n*
der Moment

Elle guettait exactement le bon **moment**.

Sie passte genau den richtigen Moment ab.

quand
[kɑ̃] *pron*
wann

Quand est-ce que papa voulait venir me chercher ?

Wann wollte Papa mich abholen?

d'abord
[dabɔʀ] adv
zuerst, als Erstes

puis
[pɥi] adv
dann

finalement
[finalmã] adv
schließlich, zuletzt

tôt
[to] adv
früh

Quand je suis là assez **tôt**, j'ai tout le lac pour moi.

Wenn ich früh genug da bin, habe ich den See ganz für mich.

tard
[taʀ] adv
spät

La ville commence à s'illuminer **tard** le soir.

Spät am Abend beginnt die Stadt zu leuchten.

à temps
[atã] adv
rechtzeitig

Heureusement que la bague a été livrée **à temps**.

Zum Glück ist der Ring noch rechtzeitig geliefert worden.

tout à coup
[tutaku] adv
plötzlich

Tout à coup, il y a eu un grand bruit et une avalanche a déboulé sur nous.

Plötzlich knallte es, und eine Lawine raste auf uns zu.

tout de suite
[tutsɥit] adv
sofort

Le médecin d'urgence était là **tout de suite**.

Der Notarzt war sofort da.

RAUM & ZEIT – IN DER ZEIT

commencer
[kɔmɑ̃se] *v*
beginnen, anfangen

Les vacances **commencent** bien…
Die Ferien fangen ja gut an …

finir
[finiʀ] *v*
enden, ausgehen

Le western **finit** comme d'habitude.
Der Western endete wie üblich.

arrêter
[aʀete] *v*
anhalten, aufhören

Vite, **arrête** la machine !
Schnell, halt die Maschine an!

avant
[avɑ̃] *adv, prep*
vorher, vor

Fais-moi le plaisir de quitter tes bottes **avant** de rentrer.
Zieh gefälligst deine Stiefel aus, bevor du reinkommst.

après
[apʀɛ] *adv, prep*
nach, danach, nachher

Après avoir mangé, chacun range son assiette, sinon, il n'y aura pas de dessert.
Nach dem Essen räumt jeder seinen Teller ab, sonst gibt es keinen Nachtisch.

bientôt
[bjɛ̃to] *adv*
bald

Bientôt, le moment sera venu et après ce sera fini avec les sorties le soir.
Bald ist es soweit, und dann ist es vorbei mit abends Weggehen.

dès que
[dɛkə] *conj*
sobald

Dès que l'arc est fini, on va mettre la chaussée dessus.

Sobald der Bogen fertig ist, kommt die Fahrbahn drüber.

depuis
[dəpɥi] *conj*
seit

Depuis l'âge de pierre, l'homme essaie de s'instruire continuellement.

Seit der Steinzeit versucht der Mensch, sich weiterzubilden.

jusqu'à, jusque
[ʒyska], [ʒysk(ə)] *prep*
bis

Même si aucun train n'est en vue : nous devons attendre jusqu'à ce que la barrière s'ouvre.

Auch wenn kein Zug zu sehen ist: Wir müssen warten, bis die Schranke hoch geht.

déjà
[deʒa] *adv*
schon

J'ai déjà l'air aussi vieux ?

Sehe ich wirklich schon so alt aus?

durer
[dyʁe] *v*
dauern

Il a son journal avec lui – ça va durer.

Er hat die Zeitung dabei – das wird dauern.

d'habitude
[dabityd] *adv*
meistens, normalerweise, gewöhnlich

Quand je regarde comme ça, ma maîtresse sort avec moi d'habitude.

Wenn ich so schaue, geht Frauchen meistens mit mir raus.

souvent
[suvɑ̃] *adv*
oft, häufig

A Venise, on peut avoir relativement souvent les pieds mouillés.

Nasse Füße kann man sich in Venedig relativ oft holen.

RAUM & ZEIT — IN DER ZEIT

ne... jamais
[nə...ʒamɛ] *adv*
nie, niemals

Nie kannst du warten, bis alle da sind!

Tu **ne** peux **jamais** attendre que tout le monde soit là !

Tu as **toujours** quelque chose à redire.

toujours
[tuʒuʀ] *adv*
immer

Immer hast du was zu meckern.

parfois
[paʀfwa] *adv*
manchmal

Dolly est **parfois** la seule à comprendre mes poèmes.

Manchmal ist Dolly die Einzige, die meine Gedichte versteht.

encore
[ãkɔʀ] *adv*
noch

Ne fermez pas **encore**, s'il vous plaît, je suis encore au bureau.

Bitte noch nicht abschließen, ich bin noch im Büro.

ne... pas encore
[nə... pazãkɔʀ] *adv*
noch nicht

rarement
[ʀaʀmã] *adv*
selten

à partir de
[apaʀtiʀdə] *prep*
ab

fréquent, fréquente
[fʀekã, fʀekãt] *adj*
häufig

IM RAUM

le lieu
[ljø] *n*
der Ort, der Platz

Je voulais tenir ce **lieu** secret, mais le groupe de touristes m'avait suivi.

Ich wollte diesen Ort geheim halten, aber die Reisegruppe war mir gefolgt.

la **ville**
[vil] *n*
die Stadt

En **ville**, les gens doivent s'entendre entre eux dans un espace très réduit...

In der Stadt müssen Menschen auf engstem Raum miteinander auskommen...

le **village**
[vilaʒ] *n*
das Dorf

... dans un **village**, on a plus de place, mais ce n'est pas pour ça que c'est plus simple de bien s'entendre avec les autres.

... im Dorf hat man mehr Platz, aber miteinander auskommen ist deshalb nicht leichter.

la **place**
[plas] *n*
der Platz

Sur cette **place**, il devrait y avoir une statue équestre.

Auf diesen Platz gehört ein eindrucksvolles Reiterstandbild.

le **quartier**
[kaʁtje] *n*
das Viertel

Tu habites ici dans le **quartier**? Ce n'est pas trop kitsch pour toi?

Wohnst du hier im Viertel? Ist dir das nicht zu kitschig?

le **parc**
[paʁk] *n*
der Park

Pendant la journée, le **parc** peut être vraiment beau.

Tagsüber kann der Park wirklich schön sein.

le **cimetière**
[simtjɛʁ] *n*
der Friedhof

Je n'aimerais pas être enterré dans ce **cimetière**.

Auf diesem Friedhof möchte ich nicht begraben sein!

à
[a] *prep*
nach, in

En deux heures, je suis à Hambourg.

In zwei Stunden bin ich in Hamburg.

Je crois qu'il y a un vautour qui tourne là-bas.

Où donc ?

là, là-bas
[la, labɑ] *adv*
da, dort (drüben)

Ich glaub', dort oben kreist ein Geier.

où
[u] *pron*
wo

Wo denn?

sur
[syʀ] *prep*
auf, über

C'est là qu'elle préfère être : en haut, sur le dos des garçons.

Da liegt sie am liebsten: oben auf den beiden Jungs.

derrière
[dɛʀjɛʀ] *prep*
hinter

Hé, ne te cache pas derrière le parapluie !

Hey, versteck dich nicht hinter dem Schirm!

la direction
[diʀɛksjɔ̃] *n*
die Richtung

Chacun décide seul dans quelle direction il part.

Jeder entscheidet selbst, in welche Richtung er geht.

au-dessus de
[od(ə)sydə] *prep*
über, oberhalb

La lumière passe par une ouverture **au-dessus de** la grotte.

Das Licht fällt durch eine Öffnung oberhalb in die Höhle.

par-dessus
[paʀd(ə)sy] *prep*
über

Mon champion saute **par-dessus** tous les obstacles.

Mein Champion hüpft über jedes Hindernis.

le **côté**
[kote] *n*
die Seite

Quel **côté** te plaît le plus ?

Welche Seite gefällt dir am besten?

en haut
[ão] *adv*
oben

en bas
[ãba] *adv*
unten

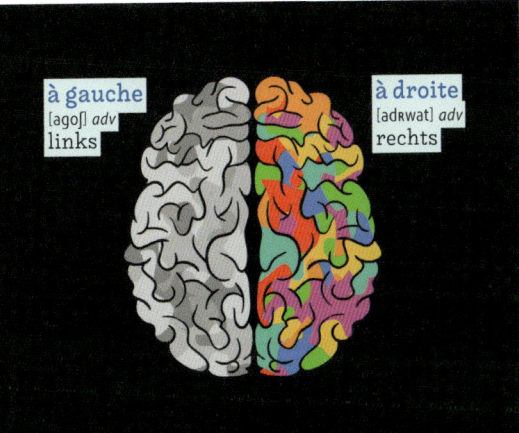

à gauche
[agoʃ] *adv*
links

à droite
[adʀwat] *adv*
rechts

ici
[isi] *adv*
hier

devant
[d(ə)vã] *prep*
vor

en face de
[ãfasdə] *prep*
gegenüber

dans
[dã] *prep*
in

J'ai eu une peur bleue en regardant **dans** la caisse.

Ich erschrak fast zu Tode, als ich in die Kiste sah.

autour de
[otuʀdə] *adv*
um (herum)

Heureusement que le serpent s'enroule **autour de** la branche et pas autour du cou.

Zum Glück wickelt sich die Schlange um den Ast und nicht um meinen Hals.

par
[paʀ] *prep*
durch, über

Passez seulement **par** la fente, et vous allez ouvrir de grands yeux !

Geht nur durch den Spalt, und ihr werdet Augen machen!

sous
[su] *prep*
unter

Madame Müller, mais qu'est-ce que vous faites **sous** la table ?

Frau Müller, was machen Sie denn da unter dem Tisch?

bas, basse
[bɑ, bɑs] *adj*
niedrig

Mais il y a des maisons **basses** ici !

Da stehen aber niedrige Häuser!

RAUM & ZEIT — IM RAUM

haut, haute
['o, 'ot] *adj*
hoch

Je veux arriver à ce **haut** sommet encore aujourd'hui.

Zu diesem hohen Gipfel dort will ich heute auch noch.

dehors
[dəɔʀ] *adv*
draußen

dedans
[dədɑ̃] *adv*
drinnen

Il ne faisait pas plus chaud **dedans** que **dehors**.

Drinnen war es auch nicht wärmer als draußen.

à côté de
[akotedə] *prep*
neben

Luke est assis **à côté de** Bob et Bob **à côté de** Warren et Warren…

Luke sitzt neben Bob und Bob neben Warren und Warren…

Pour lancer des bâtonnets, il n'y a aucune différence **entre** les deux.

vers
[vɛʀ] *prep*
nach, in Richtung

de
[də] *prep*
aus, von

en
[ɑ̃] *prep*
in, nach

loin
[lwɛ̃] *adv*
weit (weg)

entre
[ɑ̃tʀ] *prep*
zwischen

Beim Stöckchenwerfen gibt es zwischen den beiden keinen Unterschied.

FARBEN & FORMEN

la **couleur**
[kulœʀ] *n*
die Farbe

La fête indienne d'Holi apporte vraiment de la **couleur** dans notre vie !

Das indische Holi-Fest bringt echt Farbe in unser Leben!

RAUM & ZEIT — FARBEN & FORMEN

la forme
[fɔʀm] *n*
die Form

rond, ronde
[ʀõ, ʀõd] *adj*
rund

la ligne
[liɲ] *n*
die Linie

le triangle
[tʀijɑ̃gl] *n*
das Dreieck

le carré
[kaʀe] *n*
das Quadrat

le cercle
[sɛʀkl] *n*
der Kreis

le rectangle
[ʀɛktɑ̃gl] *n*
das Rechteck

blanc, blanche
[blɑ̃, blɑ̃ʃ] *adj*
weiß

noir, noire
[nwaʀ] *adj*
schwarz

gris, grise
[gʀi, gʀiz] *adj*
grau

jaune
[ʒon] *adj*
gelb

orange
[ɔʀɑ̃ʒ] *adj*
orange

rose
[ʀoz] *adj*
rosa

RAUM & ZEIT — FARBEN & FORMEN

rouge [ruʒ] *adj*
rot

vert, verte [vɛr, vɛrt] *adj*
grün

bleu, bleue [blø] *adj*
blau

violet, violette [vjɔlɛ, vjɔlɛt] *adj*
violett

brun, brune [brɛ̃, bryn] *adj*
braun

JEDE MENGE

tous
[tu] *pron pl*
alle

tout
[tu] *pron*
alles

Ici, tu as **tout** et tu peux réaliser **tous** tes rêves si ta carte de crédit n'est pas vraiment limitée.

Hier bekommst du alles und kannst alle deine Wünsche erfüllen, wenn dein Kreditkartenlimit stimmt.

très
[tʀɛ] *adv*
sehr

Je lui suis toujours très reconnaissant.

Ich bin ihr immer sehr dankbar.

tellement
[tɛlmɑ̃] *adv*
so

Les photos de vacances de Paul – nous avons tellement ri !

Pauls Urlaubsbilder – wir haben so gelacht!

beaucoup (de)
[boku(də)] *adv*
viel(e)

Pour beaucoup de participants, c'était le premier marathon.

Für viele der Teilnehmer war es der erste Marathon.

combien
[kɔ̃bjɛ̃] *adv*
wie viel

Vous voulez combien pour toute cette camelote ?

Wie viel verlangen Sie für den ganzen Krempel?

environ
[ɑ̃viʀɔ̃] *prep*
etwa, ungefähr

Le hamburger était environ haut comme ça.

Der Hamburger war ungefähr so hoch.

quelconque
[kɛlkõk] *pron*
irgendein(e)

Cherchez une place **quelconque**.

Suchen Sie sich irgendeinen Platz aus.

quelques
[kɛlk(ə)] *pron*
etwas, einige, ein paar

chaque
[ʃak] *pron*
jede(r, -s)

ne... personne
[nə... pɛʀsɔn] *pron*
niemand

quelque chose
[kɛlk(ə)ʃoz] *pron*
etwas

Tu cherches **quelque chose** de précis dans mon tiroir ?

Suchst du was Bestimmtes in meinen Schubladen?

un peu de
[ɛ̃pødə] *adv*
etwas, ein bisschen

... et maintenant encore **un peu de** bave de crapaud...

... und nun noch ein bisschen Krötenschleim ...

Moins ist der Komparativ von peu.

> Vous en livrez aujourd'hui aussi **peu** ?

peu
[pø] *adv*
wenig(e)

Liefern Sie heute nur so wenig?

Mit plus wird auch der regelmäßige Komparativ von Adjektiven und Adverbien gebildet: Ma sœur est plus jeune que moi. – „Meine Schwester ist jünger als ich."

plus (de)
[ply(s)(də)] *adv*
mehr

Plus de tatouages ne passent pas. Dommage !

Mehr Tattoos passen nicht drauf. Schade!

moins (de)
[mwɛ̃(də)] *adv*
weniger

On enlève ça. Aujourd'hui, on porte **moins de** barbe.

Weg damit. Man trägt heute weniger Bart.

quelqu'un
[kɛlkɛ̃] *pron*
jemand

Est-ce que **quelqu'un** peut peut-être m'aider ?

Kann mir vielleicht bitte jemand helfen?

tout le monde
[tul(ə)mɔ̃d] *pron*
alle, jeder

Tout le monde a besoin de sa propre photo du concert.

Jeder brauchte ein eigenes Foto vom Konzert.

la moitié
[mwatje] *n*
die Hälfte

Quelle moitié voudrais-tu ?
Welche Hälfte möchtest du?

le groupe
[gʀup] *n*
die Gruppe

Dans le groupe, on doit pouvoir parler de tout.
Wir müssen in der Gruppe über wirklich alles sprechen können.

assez (de)
[ase(də)] *adv*
genug

Je crois que tu as assez de farine, Marine !
Ich glaube, du hast jetzt genug Mehl, Marine!

le morceau
[mɔʀso] *n*
der Teil, das Stück

Ramasse tous les morceaux, on pourra peut-être les coller.
Sammle alle Teile ein, vielleicht können wir es kleben.

la paire
[pɛʀ] *n*
das Paar

Regarde, j'ai trouvé une paire de ski à la cave.
Schau mal, ich habe ein Paar Ski im Keller gefunden.

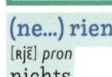

(ne...) rien
[ʀjɛ̃] *pron*
nichts

Comme vous voyez, vous ne voyez rien.
Wie Sie sehen, sehen Sie nichts.

le **mètre**
[mεtʀ] *n*
der Meter

Mon Dieu, tu fais déjà un **mètre** !
Mein Gott, nun bist du schon einen Meter groß!

Le volcan se dresse à un **kilomètre** au-dessus de la mer.
Fast einen Kilometer ragt der Vulkan über dem Meer auf.

le **kilomètre**
[kilɔmεtʀ] *n*
der Kilometer

la **tonne**
[tɔn] *n*
die Tonne

Ce beau bébé pèse presque une **tonne**.
Dieses Prachtexemplar wiegt fast eine Tonne.

le **kilo(gramme)**
[kilɔ(ɡʀam)] *n*
das Kilo(gramm)

Avec un **kilo** d'or, je pourrais partir sans souci en vacances.
Mit einem Kilo Gold könnte ich unbeschwert Urlaub machen.

le **degré**
[dəɡʀe] *n*
der Grad

En dessous de zéro **degré**, l'eau devient de la glace.
Unter null Grad wird Wasser zu Eis.

le **litre**
[litʀ] *n*
der Liter

À la fête de la bière, il n'y a que de la bière dans des verres d'un **litre**.
Auf dem Oktoberfest gibt's Bier nur in Ein-Liter-Gläsern.

le **millimètre**
[milimεtʀ] *n*
der Millimeter

le **centimètre**
[sɑ̃timεtʀ] *n*
der Zentimeter

le **gramme**
[ɡʀam] *n*
das Gramm

DIE ZAHLEN

le numéro

[nymeʀo] *n*

die Nummer, die Zahl

Le **numéro** 8 attaquait le **numéro** 9 pendant que le **numéro** 6 bloquait.

Die Nummer 8 attackierte die Nummer 9, während die Nummer 6 blockte.

RAUM & ZEIT – DIE ZAHLEN 277

zéro
[zero]
null

un
[ɛ̃]
eins

deux
[dø]
zwei

trois
[trwa]
drei

quatre
[katr]
vier

cinq
[sɛ̃k]
fünf

six
[sis]
sechs

sept
[sɛt]
sieben

huit
['ɥit]
acht

neuf
[nœf]
neun

dix
[dis]
zehn

onze
[õz]
elf

douze
[duz]
zwölf

treize
[trɛz]
dreizehn

quatorze
[katɔrz]
vierzehn

quinze
[kɛ̃z]
fünfzehn

seize
[sɛz]
sechzehn

dix-sept
[di(s)sɛt]
siebzehn

dix-huit
[dizɥit]
achtzehn

dix-neuf
[diznœf]
neunzehn

vingt
[vɛ̃]
zwanzig

**vingt
et un**
[vɛ̃teɛ̃]
einundzwanzig

**vingt-
deux**
[vɛ̃tdø]
zweiundzwanzig

**vingt-
trois**
[vɛ̃trwa]
dreiundzwanzig

**vingt-
quatre**
[vɛ̃katr]
vierundzwanzig

trente
[tʀɑ̃t]
dreißig

quarante
[kaʀɑ̃t]
vierzig

cinquante
[sɛ̃kɑ̃t]
fünfzig

soixante
[swasɑ̃t]
sechzig

soixante-dix
[swasɑ̃tdis]
siebzig

quatre-vingt
[katʀəvɛ̃]
achtzig

quatre-vingt-dix
[katʀəvɛ̃dis]
neunzig

cent
[sɑ̃]
(ein)hundert

cent un
[sɑ̃tœ̃]
hundert-undeins

cinq cents
[sɛ̃ksɑ̃]
fünf-hundert

1,000
mille
[mil]
(ein)tausend

Le mille-pattes a-t-il vraiment **mille** petites pattes ?
Hat der Tausendfüßler wirklich 1.000 Beinchen?

1,000,000
un million
[miljɔ̃]
eine Million

Un million de croyants à la prière.
Eine Million Gläubige beim Gebet.

1,000,000,000
un milliard
[miljaʀ]
eine Milliarde

Cette maison coûte **un milliard** euros.
Dieses Haus kostet eine Milliarde Euro.

compter
[kɔ̃te] v
zählen

Tu dois **compter** jusqu'à cent…
Du musst bis 100 zählen …

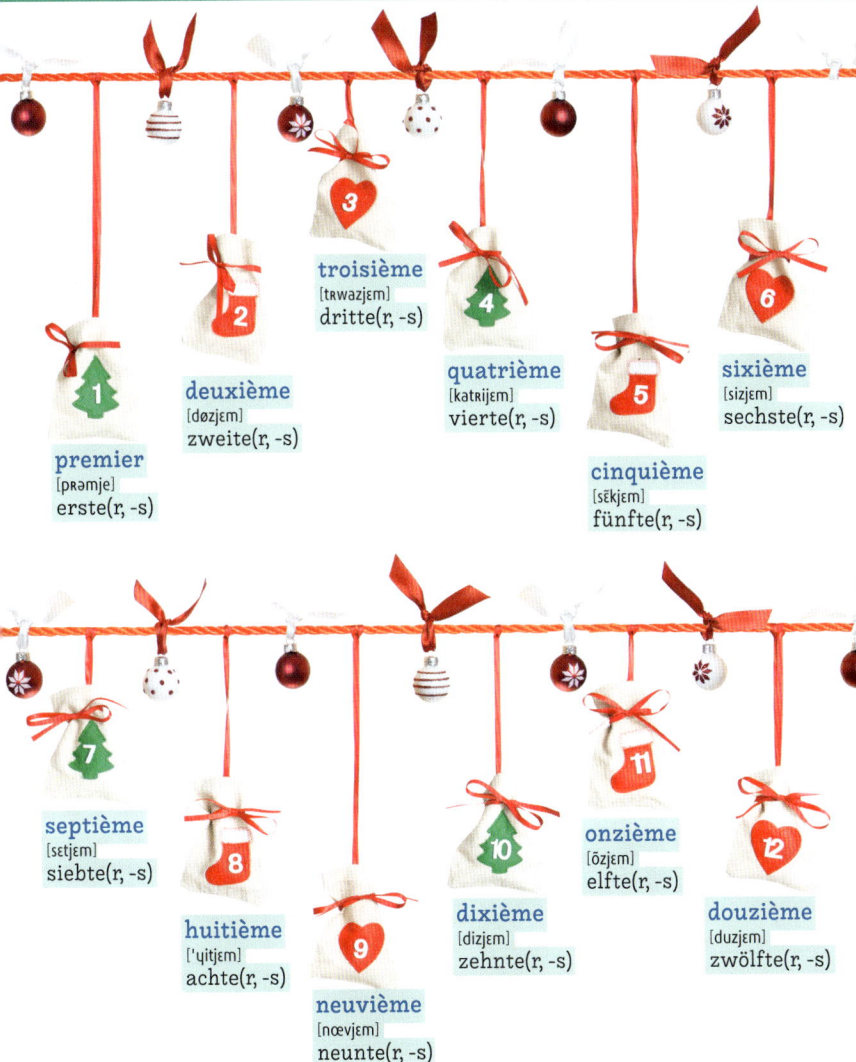

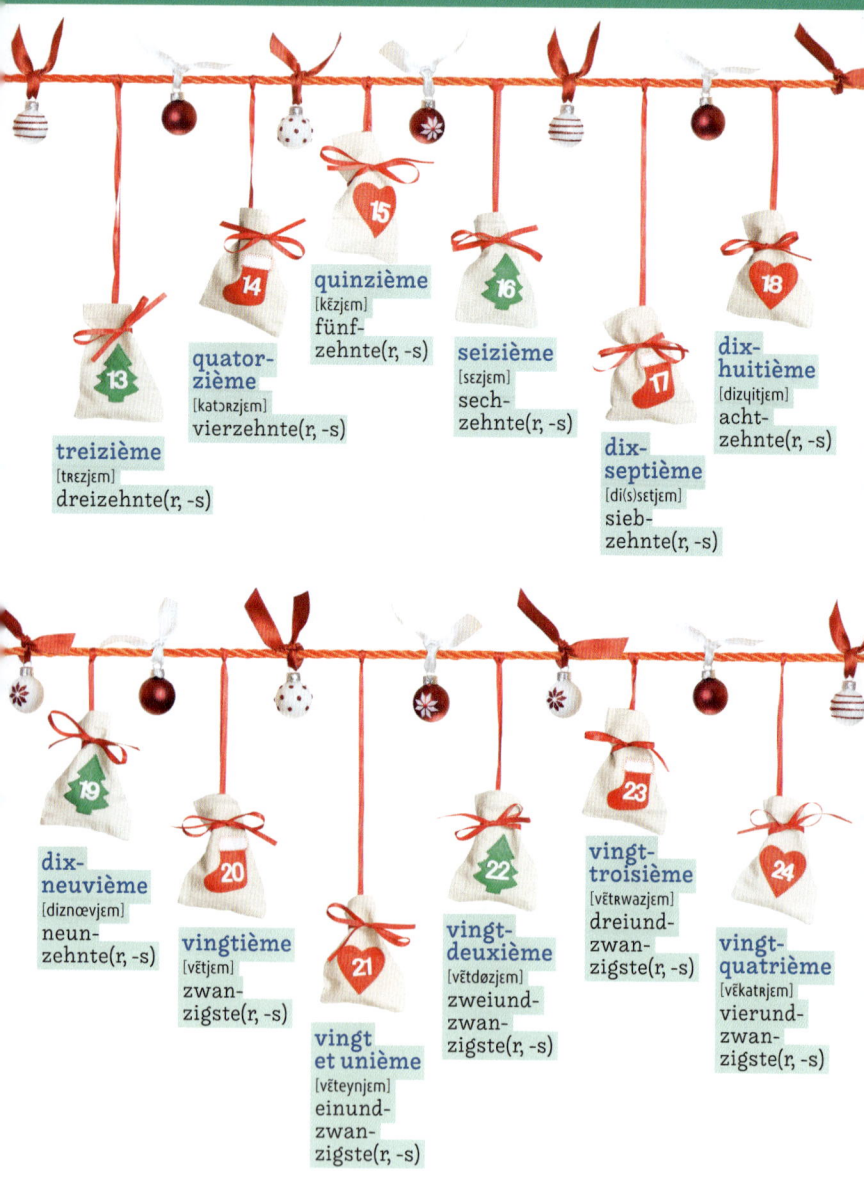

trentième
[tʀɑ̃tjɛm]
dreißigste(r, -s)

quarantième
[kaʀɑ̃tjɛm]
vierzigste(r, -s)

cinquantième
[sɛ̃kɑ̃tjɛm]
fünfzigste(r, -s)

soixantième
[swasɑ̃tjɛm]
sechzigste(r, -s)

soixante-dixième
[swasɑ̃tdizjɛm]
siebzigste(r, -s)

quatre-vingtième
[katʀəvɛ̃tjɛm]
achtzigste(r, -s)

quatrevingt-dixième
[katʀəvɛ̃dizjɛm]
neunzigste(r, -s)

centième
[sɑ̃tjɛm]
hundertste(r, -s)

DEUTSCH

A

ab 259
Abend 251
Abendessen 178
abends 252
Abfahrt 220
Abgeordnete 93
Abonnement 153
abreisen 208
Abteil 221
abwaschen 128
abwesend 137
Ach ja? 89
acht 277
achte(r, -s) 279
achtzehn 277
achtzehnte(r, -s) 280
achtzig 278
achtzigste(r, -s) 281
Adjektiv 143
Adresse 117
Adverb 143
Afrika 213
Ägypten 213
ähneln 20
Aktiengesellschaft 105
Alarm 51
Albanien 214
Alkohol 173
All 240
alle 270, 273
alles 270
Alphabet 143
als Erstes 256
alt 14
am besten 139
am Leben 15
am schlechtesten 139
Ampel 219
amtlich 94
amüsant 180
an 265

anbauen 109
Anderen 59
anfangen 257
Angebot 193
Angeklagter, Angeklagte 103
Angelegenheit 35
angeln 203
angenehm 29
Angst 27, 29
anhaben 57
anhalten 219, 257
anklagen 102
ankommen 208
Ankunft 220
anmachen 128, 130
Anmeldung 141
annehmen 33, 43, 79
anordnen 77
anprobieren 53
Anruf 145
Anrufbeantworter 145
anrufen 71, 144
anschauen 32
Anschluss 221
Ansicht 79
Anstellung 156
Anstrengung 38
antik 183
Antwort 74
antworten 75
Anwalt, Anwältin 102, 155
anwesend 137
anziehen 56
Anzug 54
anzünden 130
Apfel 168
Apotheke 48
Appetit 163
April 245
Arbeit 155, 183
arbeiten 155

Arbeitgeber, Arbeitgeberin 156
Arbeitnehmer, Arbeitnehmerin 156
arbeitslos 157
Argentinien 212
Ärger 84
ärgerlich 84
arm 99
Arm 16
Armbanduhr 53
Armee 96
Armut 99
Artikel 153
Art und Weise 109
Arzt 48
Ärztin 48
Aschenbecher 128
Ast 229
Astronaut, Astronautin 241
Atelier 183
Atem 47
Atheist, Atheistin 101
Atlantik 235
atmen 47
auch 43
auf 262
Auf Wiedersehen! 73
Aufführung 184
aufhören 257
aufmachen 120
Aufmerksamkeit 139
aufräumen 131
aufstehen 40
aufwachen 40
aufwachsen 13
Aufzug 119
Auge 19
August 245
aus 265
ausbilden 137
Ausbildung 139
ausdrucken 147
ausdrücken 79

Auseinandersetzung 85
Ausflug 211
ausführen 107
Ausgabe 153
Ausgang 118
ausgeben 195
ausgebucht 209
ausgehen 180, 257
Ausländer, Ausländerin 91
ausländisch 91
ausmachen 128
ausschalten 128
Aussprache 143
aussuchen 193
Australien 213
ausverkauft 193
ausziehen 56
Autobahn 218
Auto 217
Autowerkstatt 121

B

Baby 13
Bäckerei 191
Badeanzug 57
Badehose 57
baden 125
Badewanne 124
Badezimmer 122
Baguette 166
Bahnhof 221
Bahnsteig 221
bald 257
Balkon 121
Ball 198
Banane 168
Bank 105
Banknote 106
Bass 189
basteln 203
Bauch 16

bauen 111
Bauernhof 109
Baum 229
Baumwolle 229
bedeuten 143
Bedeutung 143
bedienen 193
Bedienen Sie sich! 87
Bedienung 175
beeinflussen 94
Befehl 77
befehlen 77
Begegnung 69
beginnen 257
beglückwünschen 180
behalten 41
behandeln 49
Behandlung 48
behindert 45
Bein 17
Beispiel 135
Bekleidungsgeschäft 191
bekommen 42
Beleg 194
Belgien 214
belgisch 215
bemerken 31
benutzen 35
Benzin 218
bequem 127
beraten 79
Berge 233
Beruf 154
beruflich 155
berühmt 200
berühren 32
Beschäftigung 156
besetzt 145
besichtigen 210
Besitz 41
besitzen 41
besser 139
Bestellung 107

besuchen 69
beten 100
betrunken 180
Bett 127
Bevölkerung 93
bevorzugen 80
bewaffnet 97
Bewerbung 158
bewölkt 237
bewusstlos werden 47
bezahlen 175
Bibliothek 185
Bier 173
Bikini 57
Bild 183
Bildschirm 146
Bildung 132
billig 194
Birne 168
bis 258
Bis gleich! Bis dann! 73
Bitte! 76
bitten 74
blasen 238
Blatt 161, 229
blau 269
Blick 32
Blitz 201, 238
Blume 228
Bluse 55
Blut 17
bluten 46
Boden 120, 231
Bonbon 172
Boot 224
Bosnien-Herzegowina 214
Botschaft 93
Brasilien 212
brauchen 39
braun 269
brav 23
brennen 239
Brief 149
Briefmarke 149

Brille 54
bringen 42
Brot 166
Brötchen 166
Brücke 220
Bruder 61
Brust 16, 19
Buch 185
buchen 207
Bücherei 185
Buchhandlung 191
Buchstabe 143
buchstabieren 143
Bühne 184
Bulgarien 215
Burg 211
Büro 160
Bus 222
Busen 19
Butter 171

C

Café 176
Campingplatz 209
Charakter 22
Chef, Chefin 155
China 213
Computer 146
Cousin, Cousine 62
Creme 6, 125
Crêpe 177
Cursor 147

D

Da kann man nichts machen! 89
da 137, 262
Dach 119
damit 85
danach 256, 257
Dänemark 214
Danke! 76
Danke, gut! 87
Danke schön! 76

das heißt 83
Das wäre geschafft! 88
Datei 148
Daten 148
Datum 255
dauern 258
Decke 120
dein 69
Demokratie 93
demokratisch 92
denken 30
deutsch 215
Deutschland 214
Dezember 245
dick 21, 112
Diebstahl 103
Dienstag 247
Diesel 218
digital 148
Diktator 94
Ding 35
direkt 221
diskutieren 78
doch 74
Dom 210
Donnerstag 247
Doppelzimmer 209
Dorf 261
dort drüben 262
draußen 265
drehen 37
drei 277
Dreieck 267
dreißig 278
dreißigste(r, -s) 281
dreiundzwanzig 277
dreiundzwanzigste (r, -s) 280
dreizehn 277
dreizehnte(r, -s) 280
drinnen 265
dritte(r, -s) 279
drüben 262
drücken 37
Drucker 147
du 68

dumm 25
Dummheit 25
dünn 21, 112
durch 264
durchfallen 139
durchgehend 221
dürfen 77
Durst 163
durstig sein 163
Dusche 124
duschen 125
DVD 146

E

Ehefrau 62
Ehemann 62
Ei 171
Eigelb 171
eigen 41
Eigentum 41
ein bisschen 272
Eindruck 33
eine Milliarde 278
eine Million 278
einen trinken gehen 181
einfach 141
einfügen 148
einführen 107
Eingang 118
einhundert 278
einige 272
Einigung 81
ein Instrument spielen 189
Einkaufstasche 192
Einkaufszettel 192
einladen 69
ein paar 272
eins 277
einsam 29
einschalten 128, 130
einschlafen 40
eintausend 278
eintreten 35, 119
einundzwanzig 277

einundzwanzigste (r, -s) 280
Einwohner, Einwohnerin 68
Einzahl 143
Einzelzimmer 209
Eis 172, 239
Eisdiele 176
Eisenbahn 220
Eisen 232
Eiswürfel 173
Eiweiß 171
elektrisch 110
Elektrizität 111
Elend 99
elf 277
elfte(r, -s) 279
Eltern 62
E-Mail 146
empfehlen 79, 80
Empfehlung 81
enden 257
Energie 111
eng 56
englisch 215
entdecken 111
Entdeckung 111
entfernen 39
entscheiden 38
Entscheidung 38
Entschuldigung! 87
er 68
Erdbeben 233
Erdbeere 168
Erdboden 231
Erde 241
Erdgeschoss 117
Erdöl 232
erfinden 111
Erfindung 111
erhalten 42
erhitzen 128
erhöhen 107
Erinnerung 30
Erkältung 46
erklären 133
erlauben 77

Erlaubnis 77
ernst 24
ernsthaft 24
Ernte 109
ernten 108
erobern 96
erste(r, -s) 279
erwachsen 14
erwarten 31
erzählen 71
Erzählung 185
essen 163
Essig 170
Esszimmer 122
Estland 215
Etage 117
etwa 271
etwas 272
euer 69
Euro 106
EUROPA 212
Existenz 101
existieren 101
exportieren 107

Fach 135
Fahne 91
Fähre 224
fahren 36, 217
Fahrer, Fahrerin 217
Fahrkarte 220
Fahrplan 220
Fahrrad 217
falls 85
falsch 138
Familie 60
fangen 198
Farbe 266
fast 197
faul 25
Faust 16
Februar 245
Fehler 138
fehlerfrei 138

feiern 181
Feld 109
Fenster 120
Ferien 207
fernsehen 151
Fernsehen 151
Fernseher 151
Fest 180
Festplatte 146
Feuer 239
Feuerwehr 155
Feuerzeug 131
Film 184
finden 39
Finger 17
Finnland 215
Firma 105
Fisch 228
Flagge 91
Flasche 173
Fleisch 169
fliegen 223
Flöte 189
Flug 223
Fluggesellschaft 222
Flughafen 223
Flugplan 222
Flugzeug 223
Flur 122
Fluss 233
Föhn 125
fordern 159, 76
Forderung 159, 77
Form 267
Formular 94
Fotoapparat 201
fotografieren 201
Frage 74
Frankreich 214
französisch 215
französisches Parlament 92
Frau 14, 65
frei 101
Freiheit 101
Freitag 247

Freizeit 201
fremd 91
Freude 27, 29
Freund, Freundin 67
Freundschaft 67
freundschaftlich 67
Frieden 97
Friedhof 261
friedlich 97
frisch 165
Friseur, Friseurin 155
Frisur 21
froh 28
fröhlich 23
Frucht 168
fruchtbar 108
früh 256
Frühling 246
Frühstück 178
fühlen 29
führen 210
Führerschein 217
Führung 210
fünf 277
fünfhundert 278
fünfte(r, -s) 279
fünfzehn 277
fünfzehnte(r, -s) 280
fünfzig 278
fünfzigste(r, -s) 281
Funktion 111
funktionieren 110
für 49
Fuß 17
Fußball 199
Fußboden 120

Gabel 128
Galerie 183
Gang 176
Ganz genau! 83, 89
gar 165
Garage 121
Garnele 170

Gas 232
Gast 69
Gästezimmer 123
Gastwirtschaft 176
Gebäude 119
geben 42, 43
Gebiet 231
Gebirge 233
geboren werden 12
gebraucht 193
Gebraucht- 193
Geburt 12
Geburtstag 180
Gedanke 31
Geduld 23
geduldig 23
Gefahr 51
gefährlich 50
Gefallen 83
Gefühl 26
gegen 84
Gegenstand 35
Gegenteil 80
gegenüber 263
Gegner, Gegnerin 97, 199
Gehalt 159
gehen 36
Gehirn 18
Gehweg 219
Geige 189
geistig 45
gelb 268
Geld 106
Gemälde 183
Gemüse 167
gemütlich 127
genau 112
genau! 83, 89
genießen 181
genug 274
geöffnet 192
Gepäck 207
Gerät 110
Geräusch 32
gerecht 101

Gerechtigkeit 101
Gericht 102, 176
Geruch 32
Geschäft 190
geschafft! 88
Geschäftsführer, Geschäftsführerin 157
Geschäftsleitung 156
Geschenk 180
Geschichte 95, 185
geschieden 66
Geschirr spülen 128
geschlossen 192
Gesellschaft 98
gesellschaftlich 99
Gesetz 102
Gesicht 20
Gespräch 71
gestatten 77
gestern 255
gesund 44
Gesundheit 44
gesund sein 44
gesund werden 47
Getränk 172
Getreide 229
Gewerkschaft 158
gewinnen 200
Gewissheit 38
Gewitter 238
gewöhnlich 258
Gipfel 233
Gitarre 188
Glas 112, 128
glatt 113
Glaube 100
glauben 33
gleich 80
Gleis 221
Glück 29, 202
glücklich 28
Gold 232
Gott 100
Grab 15
Grad 275
Gramm 275

Grammatik 143
Gras 228
gratulieren 180
grau 268
Grenze 91
Griechenland 215
griechisch 215
groß 21
Großbritannien 214
Größe 53
Großmutter 60
Großvater 61
großziehen 13
grün 269
Grund 81, 231
Gruppe 274
gültig 208
günstig 194
Gurke 167
gut 23, 139
gut gehen 45
Gute Nacht! 73
Guten Appetit! 163
Guten Morgen! 73
Guten Tag! 73

H

Haar 21
Haarbürste 6, 125
haben 42
Hafen 224
halb 253
halbe Stunde 253
halb zehn 253
Hälfte 274
Hallo! 72
Hals 19
Halskette 54
halten 37, 219
Haltestelle 222
Hand 16
Handlung 35, 184
Handschuh 54
Handtuch 124
Handy 145

hart 113
Hass 66
hassen 66
hässlich 21
häufig 258, 259
Haus 116
Hausnummer 117
Heft 137
Heiligabend 248
heiraten 63
heiß 237
heißen 71
heizen 128
Heizung 129
helfen 82
Hemd 52
Herbst 246
Herd 129
Herein! 87
hereinkommen 35
Herr 65
Herrscher,
   Herrscherin 95
Herz 17
heute 254
hier 263
Hilfe! 51
Hilfe 83
Himmel 241
hinnehmen 80
hinter 262
Hintern 16
Hitze 237
hoch 189, 265
Hochzeit 63
hoffen 33
höflich 24
holländisch 215
Holz 229
Honig 172
hören 32, 33
Hose 52
Hotel 208
hübsch 21
Hühnchen 169
Huhn 228

Hund 227
hundert 278
hundertste(r, -s) 281
hundertundeins 278
Hunger 163
hungrig sein 163
husten 46
Husten 47
Hut 54

I

ich 11, 68
Ich auch. 88
Ich auch nicht. 88
Ich hätte gern ... 89
Ich möchte ... 89
ihr 68, 69
Ihr 69
illegal 103
Illustrierte 153
Imbiss 177
immer 259
importieren 107
in 262, 264, 265
in Ordnung! 82
in Richtung 265
Indien 213
Indischer Ozean 235
Indonesien 213
Industrie 104
Information 150
informieren 153
Insel 234
Instrument 188
inszenieren 184
interessant 134
Interesse 135
international 91
Internet 147
irisch 215
Irland 214
Italien 214
italienisch 215

J

Jacke 53
ja 74
Ja, gern. 87
Jahr 244
... Jahre alt sein 15
Jahreszeit 246
Januar 245
Japan 213
je 11
Jeans 53
jeder 273
jede(r, -s) 272
jemand 273
jetzt 255
Jugend 13
Jugendherberge 209
Juli 245
jung 14
Juni 245

K

Kaffee 173
Kaiser 95
Kalb 227
Kalbfleisch 169
Kalender 161
kalt 237
Kälte 237
Kamm 125
kämpfen 97
Kanada 212
Karfreitag 249
Karneval 249
Kartoffel 167
Käse 171
Kasse 195
Kathedrale 210
Katze 228
Kauf 193
kaufen 192
Kaufhaus 191
Keine Ursache! 76

Kein Problem! 89
Keks 166
Keller 121
Kellner 175
Kenia 213
Kerl 68
Kerze 130
Kilo 275
Kilogramm 275
Kilometer 275
Kind 13
Kindheit 13
Kino 184
Kirche 210
Kirsche 168
Klang 32
klar 82
Klasse 134
Klassenzimmer 134
Klavier 188
Kleid 52
Kleidergröße 53
Kleidung 52
klein 21
Kleingeld 106
klicken 147
Klima 236
klingeln 120
Klinik 51
Knie 17
Knochen 17
kochen 165
Kochtopf 129
Koffer 207
Kollege, Kollegin 156
kollidieren 225
kommen 36
kommen aus/von 117
Konditorei 176
Konflikt 97
König, Königin 95
Königreich 95
Konsulat 93
Kontinent 231
Konzert 186
Kopf 17

Kopfschmerzen 46
kopieren 148
Kopierer 160
Körper 16
körperlich 45
korrekt 138
kosten 194
köstlich 165
Kraft 111
krank 46
Krankenhaus 50
Krankenpfleger 51
Krankenschwester 51
Krankenwagen 50
Kreditkarte 106
Kreis 267
Kreuzung 218
Krieg 96
Kritik 83
kritisieren 83
Kroatien 214
Krone 95
Küche 123
Kuchen 166
Kugelschreiber 161
Kuh 227
kühl 237
Kühlschrank 129
Kunst 182
Kunststoff 112
Kurs 136
kurz 56
Kuss 64
Küste 234

L

lächeln 29
Lächeln 28
lachen 29
Lachen 29
Lachs 170
Laden 190
Lampe 127
Land 91, 231
landen 223
Landkarte 207
Landschaft 230
Landstraße 218
Landwirtschaft 108
Landwirtschaftlich 108
lang 56
langsam 199
lassen 35
laufen 197
laut 187
Lautsprecher 187
leben 15
Leben 15, 114
lebendig 15
Lebensmittel 162
Lebensmittelgeschäft 191
Leder 113
ledig 63
leer 179
legal 102
legen 37
lehren 134
Lehrer, Lehrerin 135
leicht 113, 141
leiden 46
leise 187
leise sein 72
leiten 157
Lektion 137
lernen 133
lesen 185
Leser, Leserin 185
Lettland 215
Leute 68
lieb 23, 25
Liebe 64
lieben 64
Lieblings- 28
Lied 187
Linie 267
links 263
Lippe 19
Litauen 214
Liter 275
Löffel 128
Lohn 159
Lokal 176
löschen 148
lösen 137
losfahren 208
Lösung 137
Luft 241
Luftwaffe 96
lustig 24, 180

M

machen 34
Macht 93
mächtig 93
Mädchen 13
Mahlzeit 163
Mai 245
Mais 167
malen 183
Mama 61
man 68
manchmal 259
Mangel 99
Mann 14
Mantel 54
Märchen 185
Marine 96
Markt 191
Marmelade 172
März 245
Maschine 110, 225
Match 198
Material 112
Mauer 120
Maus 146, 228
Medikament 49
Medizin 49
medizinisch 48
Meer 235
mehr 273
Mehrzahl 143
mein 69
meinen 79
Meinung 79
meistens 258
Mensch 14
Menschen 68
menschlich 14
Menü 176
Messer 128
Metall 232
Meter 275
Methode 108
Miete 119
mieten 118
Milch 171
Millimeter 275
Mineralwasser 173
Minister, Ministerin 92
Minute 252
Mist! 88
mit 179
Mitarbeiter, Mitarbeiterin 156
mitbringen 42
mitnehmen 43
Mittag 251
Mittagessen 178
Mittelmeer 235
Mitternacht 251
Mittwoch 247
Mit Vergnügen! 89
Möbel 126
Möbelstück 126
Mobiltelefon 145
Möchtest du …? 86
modern 183
mögen 27
möglich 38
Möhre 167
Moldawien 214
Moment 255
Monarchie 95
Monat 246
Mond 241
Montag 247
moralisch 101
Mord 103
morgen 255
Morgen 251
morgens 252
Moschee 210
Motiv 201
Motor 110
Motorrad 217
müde 40
Mülleimer 131
Mülltonne 131
Münze 106
Museum 210
Musik 186
Mut 23
mutig 23
Mutter 61

N

nach 253, 257, 262, 265
Nachbar, Nachbarin 68
nachdenken 30
Nachfrage 105
nachher 257
Nachmittag 251
nachmittags 252
Nachname 72
Nachrichten 152
Nacht 251
Nachthemd 57
Nachtisch 176
Nahrungsmittel 162
Name 72
Nase 19
nass 238
Nationalität 91
national 91
National- 91
Nation 91
Nebel 238
neben 265
neblig 239
nehmen 42
nein 75
Nein, danke. 89
nennen 71
nett 25
neu 193

neugierig 24
Neujahrstag 248
neun 277
neunte(r, -s) 279
neunzehn 277
neunzehnte(r, -s) 280
neunzig 278
neunzigste(r, -s) 281
Neuseeland 213
nicht 75
nicht da 137
nicht leiden können 27
Nicht wahr? 89
nichts 274
nie 259
Niederlage 200
Niederlande 214
niedrig 264
niemals 259
niemand 272
noch 259
noch einmal 74
noch nicht 259
Nordamerika 212
Norden 214
Nordmazedonien 214
normal 237
normalerweise 258
Norwegen 214
Note 140
notieren 161
Notiz 161
Notrufnummer 51
November 245
Nudeln 166
null 277
Nummer 276
nur 175
nützlich 82
nützlich sein 35
nutzlos 83

O

ob 85
oben 263
Ober 175
oberhalb 263
oder 74
Oder? 89
offen 192
offensichtlich 82
öffentlich 99
Öffentlichkeit 99
offiziell 94
öffnen 120
oft 258
ohne 179
Ohr 19
Ohrring 54
Oktober 245
Öl 170
Olive 167
Oma 61
Omelett 177
Onkel 62
Opa 61
Oper 186
Operation 50
operieren 51
Opfer 103
Opposition 92
orange 268
Orange 168
Orchester 189
Ort 260
Osten 214
Ostern 249
Österreich 214
Ozean 235

P

Paar 62, 274
packen 207
Palast 211
Papa 61

Papier 161
Paprika 167
Park 261
parken 219
Parkplatz 219
Parlament 92
Partei 93
Party 180
passen 53
Pastete 169
Patient, Patientin 50
Pazifik 235
Pech 202
Personal 157
Personalausweis 209
persönlich 68
Pfanne 129
Pferd 227
Pfingsten 249
Pfirsich 168
Pflanze 229
pflanzen 108
Pille 49
planen 38
Plastik 112
Platz 221, 260, 261
plötzlich 225, 256
Polen 214
Politik 93
politisch 93
Polizist, Polizistin 155
polnisch 215
Pommes frites 177
Portugal 214
Post 149
Postkarte 149
Postleitzahl 149
Post 149
Postamt 149
Präsident, Präsidentin 92
Praxis 50
Preis 195
privat 99
Privat- 99
Problem 138

professionell 155
Professor, Professorin 136
Programm 148, 150
programmieren 148
Prost! 163
Prozess 102
Prüfung 140
psychisch 45
Pullover 55
Punkt 253
Punkt drei Uhr 253
pünktlich 251

Q

Quadrat 267
Qualität 57
Quittung 194

R

Radio 151
raten 79
rauchen 181
rau 113
Raum 119
Rechnung 175
Recht 102
Rechteck 267
recht haben 81
rechtzeitig 256
Rede 71
reden 70
Regen 238
Regenschirm 54
regieren 93
Regierung 92
regional 231
Region 231
regnen 239
reich 99
reichen 43
Reichtum 99
Reifen 219
Reis 166

Reise 206
Reisebüro 207
reisen 207
Reisepass 208
reiten 198
Reklamation 194
reklamieren 194
Religion 100
Religions- 101
religiös 101
rennen 197
Rennen 197
Rente 159
reparieren 112
reservieren 178
Reservierung 178
Restaurant 174
retten 50, 225
Rezept 48
Rezeption 209
Richter, Richterin 102
richtig 138
Richtung 262
riechen 32
Rindfleisch 169
Ring 53
Rock 54
roh 165
Roman 185
rosa 268
Rose 228
rot 269
Rücken 16
rufen 71
ruhig 25, 71
Rumänien 215
rund 267
russisch 215
Russland 215

S

Sache 35
sagen 71
Sahne 171
Saison 246

REGISTER — DEUTSCH

Salz 171
Samstag 247
Sandwich 177
Satellit 241
Satz 143
sauber 131
sauber machen 131
Saudi-Arabien 213
sauer 84, 164
Schachtel 130
Schade! 88, 89
Schaffner, Schaffnerin 221
scharf 164
schauen 32
Scheibe 166
scheinen 79
schicken 149
schieben 37
schießen 97, 199
Schinken 169
Schinken-Käse-Toast 177
Schlafanzug 57
schlafen 40
Schlafsack 209
Schlafzimmer 122
Schlagzeug 188
Schlange 194
schlank 20
schlecht 46, 139
schlechter 139
schließen 120
schließlich 256
Schloss 121, 211
Schlüssel 121
schmecken nach 164
Schmerz 45
schmerzen 45
schmutzig 131
Schnee 239
schneiden 165
schneien 239
schnell 199
Schock 47
Schokolade 172
schon 258

Schönheit 20
Schrank 127
schrecklich 27
schreiben 161
Schreibtisch 160
Schuh 55
Schuhgeschäft 191
Schuld 101
schulden 107
Schulden 106
schuldig 101
Schule 135
Schüler, Schülerin 135
Schulter 19
schwarz 268
Schweden 214
schwedisch 215
schweigen 72
Schweigen 72
Schwein 227
Schweinefleisch 169
Schweiß 47
Schweiz 214
schweizerisch 215
schwer 113
Schwester 61
schwierig 141
Schwierigkeit 141
Schwimmbad 199
schwimmen 199
schwitzen 47
sechs 277
sechste(r, -s) 279
sechzehn 277
sechzehnte(r, -s) 280
sechzig 278
sechzigste(r, -s) 281
See 234
sehen 32
sehr 271
Sehr erfreut! 73
Seife 6, 125
sein 69
seinen Lebensunterhalt verdienen 158
seit 258

Seite 137, 263
Sekretär, Sekretärin 160
Sekunde 252
selten 259
senden 149, 150
Sendung 150
senken 107
September 245
Serbien 214
setzen 37
Shampoo 125
sich amüsieren 181
sich anmelden 140
sich anziehen 56
sich aufregen 84
sich ausziehen 56
sich bewegen 35
sich bewerben 159
sich drehen 37
sich erinnern 31
sichern 148
sich fragen 30
sich fühlen 29, 45
sich interessieren für 134
sich irren 138
sich kümmern um 65
sich küssen 64
sich lohnen 107
sich rasieren 124
sich streiten 84
sich treffen 68
sich trennen 66
sich umziehen 55
sich verbessern 138
sich verletzen 45
sich verwählen 145
sicher 38, 95
Sicherheit 38
sie 68
Sie 68
sieben 277
sieben Minuten vor sechs 253
siebte(r, -s) 279
siebzehn 277

siebzehnte(r, -s) 280
siebzig 278
siebzigste(r, -s) 281
Sieg 200
Silber 232
Silvester 248
singen 187
sitzen 127
Sitzplatz 221
Slowakei 214
Slowenien 214
so 271
sobald 258
Socke 55
sofort 256
Sohn 60
Soldat, Soldatin 96
Sommer 246
Sonne 241
Sonnenbrille 57
sonnig 237
Sonntag 247
Sorgfalt 139
sozial 99
Spanien 214
spanisch 215
sparen 105
spät 256
Spaziergang 203
Speck 169
speichern 148
Speisekarte 175
Spezialität 177
Spiegel 130
Spiel 198, 202
spielen 189, 202
Spieler, Spielerin 197
Sport 196
Sprache 142
sprechen 70
springen 198
Staat 90
staatlich 91
Stadt 261
Stangenweißbrot 166
Start 200

starten 223
Steak 169
stehlen 103
steigern 107
Stelle 155
stellen 37
sterben 15
Stereoanlage 187
Stern 241
Stift 160
still 71
Stille 72
Stimme 186
stinken 33
Stirn 19
Stoff 112
stören 84
stornieren 207
Strafe 103
Strand 234
Straße 218
Straßenbahn 222
Strecke 217
Streik 159
streiken 159
Streit 85
Stück 166, 184, 274
Student, Studentin 136
studieren 133
Studium 136
Stuhl 126
Stunde 252
Stundenplan 135
Sturm 238
Substantiv 143
suchen 39
Südafrika 213
Südamerika 212
Süden 214
Supermarkt 191
Suppe 177
süß 164
sympathisch 29
Synagoge 210
System 111

T

Tablette 49
Tag 250, 251
Tageszeitung 152
täglich 251
Tankstelle 218
Tante 62
Tanz 181
tanzen 181
Tasche 53
Taschenmesser 203
Tasse 128
Tastatur 146
Taste 146
Tätigkeit 35
tausend 278
Taxi 217
Team 156
Tee 7, 173
Teelöffel 128
Teil 274
Telefon 145
telefonieren 144
Telefonnummer 145
Teller 129
Temperatur 236
Terrasse 121
Terrorist, Terroristin 97
Test 141
testen 141
teuer 194
Text 143
Theater 184
Theaterstück 184
Thunfisch 170
tief 189
tiefgekühlt 165
Tiefkühl- 165
Tier 226
Tisch 126
Tisch decken 178
Titel 185
Tochter 60
Tod 15
tödlich 15
Toilette 123
tolerieren 80
Tomate 167
Tonne 275
Tor 119, 199
tot 15
töten 103
Tourismus 207
Touristen- 207
touristisch 207
Tourist, Touristin 207
tragen 36, 57
trainieren 197
Traube 168
Trauer 28
traurig 29
Traurigkeit 29
Treffen 69
trennen 43
Treppe 121
treu 65
trinken 163
Trinkgeld 175
trocken 238
trocknen 131
Trommel 188
Tschechien 214
tschechisch 215
tun 34
Tür 118
Türkei 215
Turm 211

U

U-Bahn 222
Übelkeit 47
üben 137
über 133, 262, 263, 264
überleben 225
übernachten 119
überrascht sein 29
Überraschung 27
Überschwemmung 239
übersetzen 143
Übersetzung 143
überzeugen 79
üblich 237
Übung 135
Ufer 234
Uhr 53
Ukraine 215
um 252, 264
umbringen 103
umdrehen 37
um herum 264
um Hilfe rufen 51
Umsatz 105
Umso besser! 88
umsteigen 221
umtauschen 195
Umwelt 231
um ... zu 85
unangenehm 29
und 75
Unfall 225
Ungarn 214
ungeduldig 23
ungefähr 271
ungerecht 101
unglücklich 29
unhöflich 24
Universität 136
Universum 240
unmöglich 39
unmoralisch 101
unrecht haben 81
unschuldig 101
unser 69
unten 263
unter 264
unterdrücken 94
Unterhose 55
unterkommen 119
Unterlagen 161
Unterricht 136
unterrichten 134
untersagen 77
Unterschied 81
unterschreiben 94
unterstützen 83
Unterstützung 82
untersuchen 49
Untersuchung 48
untreu 65
unvorsichtig 25
Urlaub 207
USA 212
USB-Stick 146

V

Vater 60
verantwortlich 157
Verb 143
verbieten 77
Verbot 77
verbrauchen 219
Verbrechen 103
verdienen 158
Vereinigte Staaten 212
vergessen 30
verheiratet 63
Verkauf 193
verkaufen 192
Verkäufer, Verkäuferin 155
Verkehr 216
verlangen 76
verlassen 35
verletzen 45
verlieren 200
Verlierer, Verliererin 200
vermieten 118
vermuten 33, 79
verpassen 220
verringern 107
Versammlung 69
verschieden 80
verschreiben 48
versichern 107
Versicherung 106
versprechen 77
Versprechen 77
verstehen 133
versuchen 37
Verwaltung 94
verwenden 35
viel 271
Viel Spaß! 180
viele 271
vielleicht 38
vier 277
vier nach sieben 253
Viertel 261
Viertelstunde 253
Viertel vor 253
Viertel vor neun 253
vierte(r, -s) 279
vierundzwanzig 277
vierundzwanzigste (r, -s) 280
vierzehn 277
vierzehnte(r, -s) 280
vierzig 278
vierzigste(r, -s) 281
violett 269
Violine 189
Visitenkarte 161
Vogel 228
voll 179
vollständig 193
von 133, 135, 265
vor 253, 255, 257, 263
vorbereiten 37
vorher 257
vorlesen 185
vormittags 252
Vorname 72
Vorschlag 81
vorschlagen 80
vorsichtig 24
Vorstellung 184
Vorwahl 145
vorziehen 80

W

wachsen 13, 229
Waffe 97
Wagen 217

wählen 145
wahr 153
während 255
Wahrheit 153
wahrscheinlich 38
Wald 233
Wand 120
Wanderung 199
wann 255
Ware 105
Wärme 237
warm machen 165
Warteschlange 194
waschen 131
Waschmaschine 130
Was ist los? 87
Was kostet …? 194
Wasser 234
Wasserhahn 128
Website 147
wechseln 105
wecken 40
Weg 233
wegnehmen 39
wehen 238
wehtun 45
weich 113
Weihnachten 248
weil 85
Wein 173
weinen 28

weiß 268
Weißrussland 215
weit 56, 265
weit weg 265
Welle 235
Welt 204
Weltraum 240
wenden 218
wenig(e, -r) 273
wenn 85
Werbespot 150
werfen 199
Werk 183
Werkstatt 113
Werktag 247
Werkzeug 203
Westen 214
Wetter 236
Wettkampf 199
wichtig 83
wie 27 , 109
Wie bitte? 74
Wie geht es Ihnen? 87
Wie geht's? 87
Wie schade! 88
Wie spät ist es? 253
wie viel 271
wieder 74
wiederholen 141
Willkommen! 72
Wind 238

Winter 246
wir 68
Wirtschaft 105
wissen 30, 133
Wissen 133
Witwe, Witwer 66
wo 262
Woche 246
Wochenende 247
wohnen 118
Wohnort 117
Wohnung 122
Wohnzimmer 123
Wolke 237
Wolle 227
wollen 76
Wort 143
Wörterbuch 143
Wunde 47
Würfel 202
Wurst 169
Würstchen 169
Wüste 233
wütend 84
wütend werden 84

Z

Zahl 276
zählen 278
Zahn 18

Zahnarzt 48
Zahnärztin 48
Zahnbürste 6, 124
Zähne putzen 124
Zahnpasta 6, 125
zehn 277
zehnte(r, -s) 279
zeichnen 183
zeigen 183
Zeit 243
Zeitkarte 222
Zeitschrift 153
Zeitung 152
Zelt 209
Zentimeter 275
zerbrechlich 113
Zeuge, Zeugin 102
Zeugnis 140
Ziege 227
ziehen 36
Ziel 200
Ziellinie 200
Zimmer 119
Zitrone 168
Zone 231
zu Abend essen 178
zu Hause 117
zu Mittag essen 178
zubereiten 165
Zucker 172
zuerst 256

zufrieden 27
Zug 221
zuhören 33
zuletzt 256
zumachen 120
zum Beispiel 83
zum Mitnehmen 178
Zunge 18
zurückkommen 208
zurückrufen 145
zusammen 68
zusammenleben 64
Zusammenstoß 225
Zusammen-
  stoßen 225
zuständig 157
zustimmen 80
zwanzig 277
zwanzigste(r, -s) 280
zwecklos 83
zwei 277
Zweig 229
zweite(r, -s) 279
zweiundzwanzig 277
zweiundzwanzigste
  (r, -s) 280
Zwiebel 167
zwischen 265
zwölf 277
zwölfte(r, -s) 279

FRANZÖSISCH

A

à 252, 262
abonnement 153
absent, absente 137
accepter 43
accord 81
accusé, accusée 103
accuser 102
achat 193
acheter 192
acide 164
action 184
activité 35
addition 175
adjectif 143
adorer 64
adresse 117
à droite 263
adulte 14
adverbe 143
adversaire 199
à emporter 178
à gauche 263
agréable 29
agricole 108
agriculture 108
Ah, bon? 89
aide 83
aider 82
aigu, aigüe, aiguë 189
aimer bien 27
à la maison 117
Albanie 214
alcool 173
à l'heure 251
aliments 162
Allemagne 214
allemand, allemande 215
aller 36, 53
aller bien 45
aller voir 69

allumer 128, 130
alphabet 143
ambassade 93
ambulance 50
amical, amicale 67
amie 67
amitié 67
amusant, amusante 180
Amuse-toi bien! 180
an 244
anglais, anglaise 215
animal 226
année 244
annuler 207
antique 183
août 245
à partir de 259
appareil 225
appareil photo 201
appartement 122
appeler 71
appétit 163
apporter 42
apprendre 133
apprendre à 134
apprentissage 139
après 257
après-midi 251
arbre 229
argent 106
Argentine 212
arme 97
armé, armée 97
armoire 127
arrêter 257
arrivée 220
arriver 208
art 182
article 153
ascenseur 119
Assemblée nationale 92
assez 274
assez de 274

assiette 129
assurer 107
atelier 113, 183
à temps 256
À tout à l'heure 73
attention 139
atterrir 223
attraper 198
au-dessus de 263
augmenter 107
aujourd'hui 254
Au revoir! 73
Au secours! 51
aussi 43
automne 246
autour de 264
autres 59
Autriche 214
avant 257
avec 179
Avec plaisir! 89
avion 223
avocat, avocate 155
avoir 42
avoir... ans 15
avoir besoin de 39
avoir faim 163
avoir raison 81
avoir soif 163
avoir tort 81
avoir un goût de 164
avril 245

B

bagages 207
bague 53
baguette 166
baignoire 124
baiser 64
baisser f 107
balcon 121
balle 198
ballon 198

banane 168
banque 105
bas, basse 264
bateau 224
bâtiment 119
batterie 188
beaucoup (de) 271
beauté 20
bébé 13
belge 215
Belgique 214
bête 25, 226
bêtise 25
beurre 171
bibliothèque 185
bicyclette 217
Biélorussie 215
bien 139
Bien, merci! 87
bientôt 257
Bienvenue! 72
bière 173
bifteck 169
bikini 57
billet 106, 220
billet de banque 106
biscuit 166
bistro 176
bistrot 176
blanc, blanche 268
blanc d'oeuf 171
blessure 47
bleu, bleue 269
boeuf 169
boire 163
bois 229
boisson 172
boîte 130
Bon appétit! 163
bonbon 172
bon, bonne 139
Bonjour! 73
bon marché 194
Bonne nuit! 73

Bosnie-Herzégovine 214
boucle d'oreille 54
bouger 35
bougie 130
bouillir 165
boulangerie 191
bouteille 173
boutique 190
branche 229
bras 16
brasserie 176
Brésil 212
bricoler 203
briquet 131
brosse 6
brosse à cheveux 6
brosse à dents 6
brouillard 238
bruit 32
brûler 239
brun, brune 269
Bulgarie 214, 215
bulletin 140
bureau 160
bus 222
but 199

C

cabinet médical 50
cadeau 180
café 173
cahier 137
caisse 195
caleçons 55
calendrier 161
calme 25, 71
campagne 231
camping 209
Canada 212
candidature 158
canif 203
caractère 22

carnaval 249
carré 267
carrefour 218
carrotte 167
carte 175, 207
carte d'abonne-
    ment 222
carte de crédit 106
carte de visite 161
carte postale 149
casserole 129
cathédrale 210
Ça va? 87
cave 121
Ça y est! 88
célèbre 200
célibataire 63
cendrier 128
cent 278
Cent 106
cent un 278
centième 281
centime 106
centimètre 275
cercle 267
céréale 229
cerise 168
certitude 38
cerveau 18
c'est-à-dire 83
C'est ça! 89
chaîne 187
chaîne hi-fi 187
chaise 126
chaleur 237
chambre 122
chambre d'amis 123
chambre double 209
chambre simple 209
champ 109
chance 202
changer 55, 105, 221
chanson 187
chanter 187

chapeau 54
chaque 272
château 211
château fort 211
chat 228
chaud, chaude 237
chauffage 129
chauffer 128
chaussette 55
chaussure 55
chemin de fer 220
chemin 233
chemise de nuit 57
chemise 52
chemisier 55
cher, chère 194
chercher 39
cheval 227
cheveux 21
chèvre 227
chez soi 117
chien 227
chiffre d'affaires 105
Chine 213
choc 47
chocolat 172
choisir 193
chose 35
ciel 241
cimetière 261
cinéma 184
cinq 277
cinq cents 278
cinquante 278
cinquantième 281
cin-quième 279
circulation 216
citron 168
clair, claire 82
classe 134
clavier 146
clé 121
clé USB 146
climat 236

clinique 51
cliquer 147
cochon 227
code postal 149
coeur 17
coiffeur, coiffeuse 155
coiffure 21
colère 84
collaborateur,
    collaboratrice 156
collègue 156
collier 54
collision 225
combattre 97
combien 271
Combien
coûte …? 194
commande 107
comme 27
commencer 257
Comment allez-
    vous? 87
comment 109
Comment? 74
compagnie
    aérienne 222
compartiment 221
compétition 199
complet,
    complète 193, 209
composer 145
comprendre 133
comprimé 49
compter 278
concert 186
concombre 167
conducteur, conduc-
    trice 217
conduire 217
confiture 172
conflit 97
confortable 127
connaissance 133
conquérir 96
consommer 219
construire 111

consulat 93
conte 185
conte de fées 185
content, contente 27, 28
continent 231
contraire 80
contrarié 84
contrariée 84
contrebasse 189
contre 84
contrôle 141
contrôleur,
    contrôleuse 221
convaincre 79
conversation 71
copain, copine 67
copier 148
corps 16
correctement 138
correspondance 221
costume 54
côté 263
côte 234
coton 229
cou 19
couler 224
couleur 266
coupable 101
coup de fil 145
couper 165
couple 62
courage 23
courageux,
    courageuse 23
courir 197
couronne 95
courriel 146
courrier 149
cours 136
course 197
court, courte 56
cousin, cousine 62
couteau 128
coûter 194

couvert,
    couverte 237
crayon 160
crème 6, 125,171
crêpe 177
crevette 170
crier au secours 51
crime 103
critique 83
critiquer 83
Croatie 214
croire 33
croque-monsieur 177
cru, crue 165
cuillère 128
cuir 113
cuisine 123
cuisinière 129
cuit, cuite 165
culottes 55
cultiver 109
curieux, curieuse 24
curseur 147

D

d'abord 256
D'accord! 82
Danemark 214
dangereux,
    dangereuse 50
danger 51
dans 264
danse 181
danser 181
dans la matinée 252
date 255
de 135, 265
dé 202
décembre 245
décider 38
décision 38
décoller 223
découverte 111

découvrir 111
dedans 265
défaite 200
degré 275
dehors 265
déjà 258
déjeuner 178
de l'après-midi 252
de l'État 91
délicieux,
   délicieuse 165
demain 255
demande 105
demander à qn 75
demander 74
demi-heure 253
démocratie 93
démocratique 92
dent 18
dentiste 48
départ 200
dépenser 195
depuis 258
député, députée 93
déranger 84
De rien! 76
derrière 262
désagréable 29
désert 233
dès que 258
dessert 176
dessiner 183
détester 27, 66
dettes 106
deuil 28
deux 277
deuxième 279
devant 263
devoir 107
d'habitude 258
dictateur 94
dictionnaire 143
dieu 100
différence 81
différent,
   différente 80
difficile 141

difficulté 141
dîner 178
direct, directe 221
direction 156, 262
diriger 157
diriger 210
discours 71
discuter 78
dispute 85
disque dur 146
divorcé, divorcée 66
dix 277
dix-huit 277
dix-huitième 280
dixième 279
dix-neuf 277
dix-neuvième 280
dix-sept 277
dix-septième 280
d'occasion 193
docteur 48
documents 161
doigt 17
domicile 117
Dommage! 88
données 148
donner 42
dormir 40
dos 16
doucement 187
douche 124
douleur 45
doux, douce 113
douze 277
douzième 279
drapeau 91
droit 102
drôle 24
dur, dure 113
durer 258
DVD 146

E

eau 234
eau minérale 173

échanger 195
échouer à 139
école 135
économiser 105
écouter 33
écran 146
écrire 161
édition 153
éducation 132
effort 38, 177
église 210
Égypte 213
électricité 111
électrique 110
élève 135
élever 13
elles 68
embaucher 156
émission 150
empereur 95
emploi 156
emploi du temps 135
employeur,
   employeuse 156
emporter,
   emmener 43
en 265
en bas 263
Enchanté! 73
encore 259
encore (une fois) 74
en face de 263
enfant 13
engager 156
en haut 263
enlever 39, 56
enseignant,
   enseignante 135
enseigner 134
ensemble 68
ensoleillé,
   ensoleillée 237
entendre 32
entre 265
entrée 118
entrer 35, 119
entrer en
   collision 225

Entrez! 87
environ 271
environnement 231
envoyer 149
épeler 143
épicé, épicée 164
épicerie 191
épuisé, épuisée 193
équipe 156
erreur 138
escalier 121
Espagne 214
espagnol,
   espagnole 215
espérer 33
essayer 37, 53
Est 214
Est-ce que tu
   veux…? 86
Estonie 215
étage 117
État 90
États-Unis 212
été 246
éteindre 128
et 75
étranger,
   étrangère 91
être assis, être
   assise 127
être au chômage 157
être d'accord 80
être en bon santé 44
être en grève 159
être surpris,
   surprise 29
étroit, étroite 56
études 136
étudiant,
   étudiante 136
étudier 133
Europe 212
évident, évidente 82
exactement 83
exact, exacte 112
examen 140
examen 48
examiner 49

exemple 135
exiger 76
existence 101
exister 101
expliquer 133
exporter 107
exposer 183
exprimer 79

F

facile 141
façon 109
faim 163
faire demi-tour 218
faire du cheval 198
faire 34
faire la cuisine 165
faire la vaisselle 128
faire mal 45
faire réchauffer 165
faire une
   réclamation 194
famille 60
fatigué, fatiguée 40
faute 138
faux, fausse 138
faveur 83
fécond, féconde 108
féliciter 180
femme 14, 62
fenêtre 120
fer 232
ferme 109
fermé, fermée 192
fermer 120
ferry 224
fertile 108
fesses 16
fête 180
fêter 181
feu 219, 239
feuille 161, 229
février 245
fichier 148
fidèle 65

file d'attente 194
fille 13, 60
film 184
fils 60
finalement 256
fin, fine 112
finir 257
Finlande 215
flash 201
fleur 228
fleuve 233
flute 189
foi 100
fonction 111
fonctionner 110
foot 199
football 199
force 111
forêt 233
forme 267
former 137
formulaire 94
fort 187
fourchette 128
fragile 113
fraise 168
frais, fraîche 165, 237
français, française 215
France 214
fréquent, fréquente 259
frère 61
frigidaire 129
frites 177
froid 237
froid, froide 237
fromage 171
front 19
frontière 91
fruit 168
fumer 181
furieux, furieuse 84

G

gagner 158, 200
gagner sa vie 158
galerie 183
gant 54
garage 121
garçon 13, 175
garder 41
gare 221
gâteau 166
gaz 232
gazole 218
genou 17
gens 68
gentil, gentille 25
gérant, gérante 157
glace 130, 172
glace 239
glacier 176
glaçon 173
gouvernement 92
gouverner 93
grammaire 143
gramme 275
Grande Bretagne 214
grand, grande 21
grandir 13
grand magasin 191
grand-mère 60
grand-père 61
grave 189
Grèce 215
grève 159
gris, grise 268
gros, grosse 21, 112
groupe 274
guérir 47
guerre 96
guitare 188

H

habiter 118
haine 66

handicapé, handicapée 45
haut, haute 265
haut-parleur 187
heure 252
heureux, heureuse 28
hier 255
histoire 185
hiver 246
hollandais, hollandaise 215
Hongrie 214
hôpital 50
horaire 222
huile 170
huit 277
huitième 279
humain, humaine 14

I

ici 263
île 234
il 68
illégal, illégale 103
ils 68
il y a 255
immoral, immorale 101
impoli, impolie 24
important, importante 83
importer 107
impossible 39
impression 33
imprimante 147
imprimer 147
imprudent, imprudente 25
Inde 213
indicatif 145
Indonésie 213
industrie 104
infidèle 65
infirmière 51
influencer 94
informer 153
injuste 101

innocent, innocente 101
inondation 239
inscription 141
insérer 148
instrument 188
interdire 77
intéressant, intéressante 134
intérêt 135
international, internationale 91
Internet 147
inutile 83
inventer 111
invention 111
inviter 69
irlandais, irlandaise 215
Irlande 214
Italie 214
italien, italienne 215
ivre 180

J

jambe 17
jambon 169
janvier 245
Japon 213
jaune 268
jaune d'œuf 171
jean 53
je 68
jeu 202
jeunesse 13
Je voudrais … 89
joie 27, 29
joli, jolie 21
jouer 202
jouer de 189
jouer (d'un instrument) 189
joueur, joueuse 197
jour 250
jour de l'an 248
journal 152
journée 251

jour ouvrable 247
joyeux, joyeuse 23
juillet 245
juin 245
jupe 54
jusqu'à, jusque 258
juste 101, 138
justement 83
justice 101

K

Kenya 213
kilo(gramme) 275
kilomètre 275

L

là 262
là-bas 262
lac 234
laid, laide 21
laine 227
laisser 35
lait 171
lampe 127
lancer 199
langue 18, 142
lard 169
large 56
lave-linge 130
laver 131
leçon 137
lecteur, lectrice 185
légal, légale 102
léger, légère 113
légumes 167
le mieux 139
lent, lente 199
le pire 139
le plus mal 139
le plus mauvais 139
Lettonie 215
lettre 143, 149
leur 69
lèvre 19

liberté 101
librairie 191
libre 101
lieu 260
ligne 267
ligne d'arrivée 200
lire 185
lisse 113
liste de courses 192
lit 127
litre 275
Lituanie 214
livre 185
logement 122
loi 102
loin 265
loisirs 201
long, longue 56
louer 118
lourd, lourde 113
loyer 119
lune 241
lunettes 54
lunettes de soleil 57

M

ma 69
Macedoine du Nord 214
machine à laver 130
machine 110
machin 35
madame 65
magasin 190
magasin de chaussures 191
magazine 153
mai 245
maigre 21
maillot de bain 57
main 16
maintenant 255
maïs 167
maison 116
maison de confection 191
mal 139
malade 46
malchance 202
mal de tête 46
malheureux, malheureuse 29
maman 61
mamie 61
manger 163
manière 109
manque 99
manquer 220
manteau 54
marchandise 105
marché 191
mariage 63
marié, mariée 63
mari 62
marine 96
marmite 129
mars 245
match 198
matière 112, 135
matin 251, 252
matinée 251
mauvais, mauvaise 46
médecine 49
médical, médicale 48
médicament 49
Méditerranée 235
meilleur, meilleure 139
mémoriser 148
menu 176
Merci! 76
mère 61
mer 235
métal 232
méthode 108
métier 154
mètre 275
métro 222
mettre en scène 184
mettre 37, 56
mettre la table 178
meuble 126

meurtre 103
midi 251
miel 172
mieux 139
mille 278
millimètre 275
mince 20
ministre 92
minuit 251
minute 252
miroir 130
misère 99
moche 21
moderne 183
Moi aussi. 88
moi 11
Moi non plus. 88
moins (de) 273
mois 246
moitié 274
Moldavie 214
moment 255
monarchie 95
monde 204
mon 69
monnaie 106
monsieur 65
montagne 233
montre 53
moral, morale 101
morceau 166, 274
mortel, mortelle 15
mort 15
mort, morte 15
mosquée 210
mot 143
moteur 110
motif 201
moto 217
mouillé, mouillée 238
mou, molle 113
mourir 15
mouton 227
mur 120
musée 210
musique 186

N

nager 199
naissance 12
naître 12
nationalité 91
national, nationale 91
nation 91
nausée 47
nébuleux, nébuleuse 239
neige 239
neiger 239
ne… jamais 259
ne… pas encore 259
ne... pas 75
ne… personne 272
N'est-ce pas? 89
nettoyer 131
neuf 277
neuf, neuve 193
neuvième 279
nez 19
Noël 248
noir, noire 268
nom 143
nom de famille 72
nom 72
non 75
Non, merci. 89
Nord 214
normal, normale 237
Norvège 214
note 140, 161
noter 161
notre 69
nouveau, nouvelle 193
nouvelle 152
Nouvelle Zélande 213
novembre 245
nuage 237
nuit 251
numérique 148
numéro 276
numéro de la maison 117

numéro de téléphone 145
numéro d'urgence 51

O

objet 35
obtenir 42
occupé, occupée 145
océan 235
octobre 245
officiel, officielle 94
offre 193
oignon 167
oiseau 228
olive 167
omelette 177
onze 277
onzième 279
opéra 186
opérer 51
opprimer 94
orange 168, 268
orchestre 189
ordinateur 146
ordonnance 48
ordonner 48
oreille 19
or 232
où 262
oublier 30
ou 74
oui 74
Oui, je veux bien! 87
outils 203
ouvert, ouverte 192
ouvrir 120
Ovest 214

P

pacifique 97
page 137
pain 166
paire 274
paix 97

palais 211
pantalon 52
papa 61
papier 161
papi 61
Pâques 249
par 264
parapluie 54
parc 261
parce que 85
par-dessus 263
Pardon ! 87
pareil, pareille 80
parents??? 62
paresseux, paresseuse 25
par exemple 83
parfois 259
parking 219
parlement 92
parler 70
parti 93
partir 208
Pas de problème! 89
passeport 208
passer 43
pâté 169
pâte dentifrice 6
pâtes 166
patience 23
patiente 50
patient 50
patient, patiente 23
pâtisserie 176
patron, patronne 155
pauvre 99
pauvreté 99
payer 175
paysage 230
Pays-Bas 214
pays 91
pêche 168
pêcher 203
peigne 125
peindre 183
peine 103

peinture 183
pendant 255
pensée 31
penser 30, 79
Pentecôte 249
perdant, perdante 200
perdre 200
perdre connaissance 47
père 60
permettre 77
permis de conduire 217
permission 77
personnel 157
personnel, personnelle 68
petit, petite 21
petit-déjeuner 178
petite cuillère 128
petit pain 166
pétrole 232
peu 273
peur 27, 29
peut-être 38
pharmacie 48
photocopieuse 160
photographier 201
phrase 143
physique 45
piano 188
pièce 119
pièce 106, 184
pièce de théâtre 184
pied 17
pilule 49
pire 139
piscine 199
place 221, 261
place assise 221
plafond 120
plage 234
plante 229
planter 108
plastica 112
plat 176
plein, pleine 179

pleurer 28
pleuvoir 239
pluie 238
pluriel 143
plus (de) 273
plus mal 139
plus mauvais 139
pneu 219
poche 53
poêle 129
poing 16
poire 168
poisson 228
poitrine 16, 19
poivron 167
poli, polie 24
policier, policière 155
politique 93
Pologne 214
polonais, polonaise 215
pomme 168
pomme de terre 167
pompiers 155
pont 220
population 93
porc 169
portable 145
portail 119
porte 118
porter 36, 57
port 224
Portugal 214
poser sa candidature 159
posséder 41
possible 38
poste 149, 155
poubelle 131
poule 228
poulet 169
pourboire 175
pour 49, 85
pousser 37, 229
pouvoir 77, 93
précis, précise 112
préféré, préférée 28

préférer 80
premier 279
prendre 42
prendre un bain 125
prendre une douche 125
prénom 72
préparer 37, 165
prescrire 48
présent, présente 137
président, présidente 92
presque 197
prier 100
printemps 246
privé, privée 99
prix 195
probable 38
problème 138
procès 102
professeur 136
profession 154
professionnel, professionnelle 155
profiter de 181
programme 148
programmer 148
projeter 38
promenade 203
promesse 77
promettre 77
prononciation 143
proposer 80
proposition??? 81
propre 41, 131
propriété 41
prudent, prudente 24
psychique 45
public 99
public, publique 99
puer 33
puis 256
puissant, puissante 93
pull-over 55
pyjama 57

quai 221
qualité 57
quand 255
quarante 278
quarantième 281
quart d'heure 253
quartier 261
quatorze 277
quatorzième 280
quatre 277
quatre-vingt 278
quatre-vingt-dix 278
quatrevingtdixième 281
quatrevingtième 281
quatrième 279
quelconque 272
Quelle heure est-il? 253
quelque chose 272
quelques 272
quelqu'un 273
Qu'est-ce qui se passe? 87
Qu'est-ce qu'il y a? 87
question??? 74
quinze 277
quinzième 280
quitter 56
quotidien 152, 251
quotidien, quotidienne 251

raconter 71
radio 151
raisin 168
raison 81
randonnée 199
ranger 131
rapide 199
rappeler 145
rarement 259

rater 220
réception 209
recevoir 42
récolte 109
récolter 108
recommandation 81
recommander 79, 80
rectangle 267
reçu 194
réfléchir 30
réfrigérateur 129
regard 32
regarder 32
regarder la télé(vision) 151
régional, régionale 231
région 231
reine 95
religieux, religieuse 101
religion 100
remarquer 31
rencontre 69
renseignement 150
réparer 112
repas 163
répéter 141
répondeur 145
répondre 75
réponse 74
représentation 184
réservation 178
réserver 178, 207
résoudre 137
respirer 47
responsable 157
ressembler à 20
restaurant 174
retraite 159
réunion 69
réveiller 40
réveillon (de la Saint-Sylvestre) 248
réveillon (de Noël) 248
revendication 77, 159
revendiquer 159

revenir 208
revue 153
rez-de-chaussée 117
rhume 46
riche 99
richesse 99
rire 29
rive 234
rivière 233
riz 166
robe 52
robinet 128
roi 95
roman 185
rond, ronde 267
rose 228, 268
rouge 269
Roumanie 215
route 217, 218
royaume 95
rue 218
rugueux, rugueuse 113
russe 215
Russie 215

S

sa, son 69
sac (à provisions) 192
sac de couchage 209
sage 23
saigner 46
saison 246
salaire 159
salarié, salariée 156
sale 131
salle à manger 122
salle de bains 122
salle de séjour 123
salon 123
salon de thé 176
Salut! 72
s'améliorer 138
s'amuser 181
sandwich 177

sang 17
sans 179
Santé! 163
santé 44
s'appeler 71
s'arrêter 219
satellite 241
s'attendre à 31
saucisse 169
saumon 170
sauter 198
sauver 50, 225
savoir 30, 133
savon 6
scène 184
se blesser 45
se demander 30
se déshabiller 56
se disputer 84
s'endormir 40
s'énerver 84
s'entraîner 137, 197
s'exercer 137
se fâcher 84
s'habiller 56
s'inscrire 140
s'intéresser à 134
se laver les dents 124
se lever 40
se marier 63
s'occuper de 65
se rappeler 31
se raser 124
se rencontrer 68
se réunir 68
se réveiller 40
se sentir 29, 45
se séparer 66
se taire 72
se tromper 138
se tromper de numéro 145
sec, sèche 238
sèche-cheveux 6
sécher 131
seconde 252

secrétaire 160
seize 277
seizième 280
sel 171
semaine 246
sembler 79
sens 143
sentiment 26
sentiments 26
sentir 32
séparer 43
sept 277
septembre 245
septième 279
Serbie 214
sérieux, sérieuse 24
serrure 121
serveuse 175
Servez-vous! 87
serviette 124
servir 35, 193
seulement 175
seul, seule 29
shampooing 125
short de bain 57
si 85
S'il vous plaît! 76
signer 94
silence 72
silencieux, silencieuse 71
simple 141
singulier 143
site Internet 147
six 277
sixième 279
slip 55
Slovaquie 214
Slovénie 214
snack 177
social, sociale 99
société anonyme 105
société 98
soeur 61
soif 163
soin 139

soir 251
soirée 251
soixante 278
soixante-dix 278
soixantedixième 281
soixantième 281
sol 120, 231
soldat 96
soleil 241
solution 137
sommet 233
son, sa 69
sonner 120
sortie 118
sortir 180
souffle 47
souffler 238
souffrir 46
soupe 177
sourire 28, 29
souris 146, 228
sous 264
soutenir 83
soutien 82
souvenir 30
souvent 258
souverain, souveraine 95
spécialité 177
sport 196
spot publicitaire 150
station-service 218
steak 169
stylo à bille 161
sucre 172
sucré, sucrée 164
Sud 214
Suède 214
suédois, suédoise 215
sueur 47
Suisse 214
suisse 215
supermarché 191
supposer 33, 79
supprimer 148
sur 133, 262

surgelé, surgelée 165
surprise 27
sûr, sûre 38, 95
survivre à 225
survivre 225
synagogue 210
syndicat 158
système 111

T

ta, ton 69
table 126
tableau 183
taille 53
tambour 188
tante 62
Tant mieux! 88
Tant pis! 89
tard 256
tasse 128
taxi 217
tchèque 215
Tchéquie 214, 215
téléphone 145
téléphoner (à) 144
télévision 151
tellement 271
témoin 102
température 236
tempête 238
temps 236, 243
tenir 37
tente 209
terrasse 121
terre 231, 241
Terre 241
terrible 27
terroriste 97
tester 141

tête 17
texte 143
thé 7
théâtre 184
thon 170
timbre 149
tirer 199
tirer 36, 97
titre 185
toilettes 123
toit 119
tolérer 80
tomate 167
tombe 15
tonne 275
ton, ta 69
tort 101
tôt 256
touche 146
toucher 32
toujours 259
tour 211
tourisme 207
touriste 207
touristique 207
tourner 37
tous 270
tousser 46
tout 270
tout à coup 225, 256
Tout à fait! 83
tout de suite 256
tout le monde 273
toux 47
traduction 143
traduire 143
train 221
traitement 48
traiter 49
tram 222
tranche 166

transpirer 47
travail 155
travailler 155
treize 277
treizième 280
tremblement de
 terre 233
trente 278
trentième 281
très 271
triangle 267
tribunal 102
triste 29
tristesse 29
trois 277
troisième 279
trottoir 219
trouver 39
truc 35
tuer 103
tu 68
Turquie 215
type 68

U

Ukraine 215
un 277
univers 240
université 136
un milliard 278
un million 278
un peu de 272
usare 35
utile 82

V

vacances 207
vache 227

vague 235
vainqueur 200
valide 208
valise 207
valoir le coup 107
veau 169, 227
vélo 217
vendeur,
 vendeuse 155
vendre 192
Vendredi saint 249
venir de 117
vente 193
vent 238
ventre 16
verbe 143
vérité 153
verre 128
vers 265
vert, verte 269
veste 53
vestibule 122
vêtements 52
vetro 112
veuf 66
veuve 66
viande 169
victime 103
victoire 200
vide 179
vie 15, 114
village 261
ville 261
vin 173
vinaigre 170
vingt 277
vingt-deux 277
vingt-deuxième 280
vingt et un 277
vingt et unième 280
vingtième 280

vingt-quatre 277
vingt-trois 277
violet, violette 269
violon 189
visage 20
visite guidée 210
visiter 210
vite 199
vivre ensemble 64
vivre 15
voir 32
voisin, voisine 68
voiture 217
voix 186
voler 103, 223
vol 103, 223
votre 69
vouloir dire 143
vouloir 76
vous 68
voyage 206
voyager 207
vrai, vraie 153

W

W.-C. 123
week-end 247

Y

yeux 19

Z

zéro 277
zone 231
Zut! 88

BILDNACHWEIS

Adobe Stock, Dublin: 3.4 (Ralf Gosch); 7.2 ff. (Jan Engel); 9 (Tramper2); 12 (herlanzer); 13.3 (Racle Fotodesign); 13.4, 25.5 (Dron); 14.1 (photophonie); 14.5, 20.2, 26 (ArTo); 15.2 (DenisProduction.com); 15.3, 106.1, 149.1, 172.7 (Gina Sanders); 21.1 (Katie Little); 23.7, 36.2, 251.3 (ARochau); 24.2, 66.3 (auremar); 24.5 (Anatolii); 27.2, 67.4 (Franz Pfluegl); 27.3 (G.Light); 27.5 (Naj); 28.4 (Sam Edwards/KOTO); 29.5, 65, 93, 101, 139, 143, 145, 215 (picsfive); 29.4 (suksamranpix); 30.3 (lugarteva); 30.5 (grafikkollektiv); 30.6 (rico287); 31.1, 99.1 (Vladimir Mucibabic); 32.2 (Bergringfoto); 37.6 (Andreas P); 38.5, 178.2 (Kadmy); 40.2 (velirina); 40.3 (benik.at); 41.2 (bella); 42.1 (Sergii Mostovyi); 42.2 (Wollwerth Imagery); 43.2 (Patryk Doering); 43.4 (EdNurg); 45.1 (Sean Gladwell); 45.2 (Andrei Korzhyts); 45.4 (drubig-photo); 45.8 (AVAVA); 47.2 (djoronimo); 47.3 (Tatyana); 49.2 (Markus Mainka); 49.6 (Alfredo); 50.2 (Udo Kroener); 50.4 (ISO K Medien GmbH); 50.6, 160.3 (Peter Atkins); 56.3 (Domforstock); 62.3 (lightpoet); 63.2 (Rawpixel.com); 64.2 (Sven Roethig); 64.3 (Blaumeise); 64.4 (LIGHTFIELD STUDIOS); 64.5 (Ramona Smiers); 65.5 (theartofphoto); 66.4 (michaeljung); 68.3 (refreshPIX); 68.5 (Zooropa); 68.6, 180.2 (Scott Griessel); 71.1, 117.4 (Patrizia Tilly); 72.1 (redhorst); 72.5 (A.Rein.); 74.1 (Berchtesgaden); 75.5, 80.4, 80.5 (Robert Kneschke); 76.2 (Yakobchuk Olena); 76.3 (Tatsiana); 79.7, 247.3 (Kzenon); 80.1 (styf); 82.2 (MAK); 83.2, 105.7 (Eisenhans); 83.5 (Daniel Hohlfeld); 85.3 (Glaser); 87.3 (Sergey Novikov); 91.4 (cmfotoworks); 93.3, 133.5, 253.2 (Jürgen Fälchle); 95.1 (Harry Marx); 99.5 (andyh12); 100.1 (Sergej Koschevoj); 101.2 (nickolae); 102.3 (jonbilous); 103.1 (Yay Images); 105.2 (Dan Race); 106.2 (forestpath); 107.2 (Guido); 107.3 (Jürgen Fälchle); 124.3 (Dirima); 125.4 (Piotr Marcinski); 127.6 (RTimages); 130.3 (Gabi Moisa); 131.3 (Visions-AD); 133.3 (Christian Schwier); 135.3 (Sven Bähren); 136.4 (Drobot Dean); 138.3 (diego cervo); 146.2 (Patryk Kosmider); 149.2 (Jean-Pierre); 150.1 (highwaystarz); 155.3 (fotogestoeber); 155.4 (Minerva Studio); 156.1 (Darwis); 156.4 (Kitty); 157.1, 234.2 (Günter Menzl); 158.3 (pizuttipics); 163.7 (W. Heiber Fotostudio); 165.2 (Jiri Miklo); 165.6 (yamix); 164.4 (kab-vision); 169.6 (ykordik); 172.1 (IrisArt); 172.5 (liveostockimages); 175.4 (Pixelbliss); 176.2 (emmi); 180.1, 210.5 (Tom Bayer); 184.2 (shoot4u); 191.2 (Mimi Potter); 191.3 (Maurizio Milanesio); 193.3 (Andy Nowack); 197.5, 227.3 (gandolf); 198.1 (Freefly); 198.2 (.shock); 198.6 (Galina Barskaya); 199.1 (Dudarev Mikhail); 199.3 (Kirill Zdorov); 199.6 (carmeta); 201.2 (Lovrencg); 203.1 (pics); 207.2 (Tatjana Balzer); 210.2 (peisker); 215.4 (mstein); 217.1 (Victimy); 217.6 (Frank-Peter Funke); 218.3 (Katalin); 218.6 (DOC RABE Media); 220.5 (#CNF); 222.5 (s4svisuals); 227.4 (Nadine Haase); 229.2 (grafikplusfoto); 236.1 (athapet); 238.7 (PANORAMO); 239.4 (Daniel Strauch); 245.9 (frenta); 246.5 (2xSamara.com); 252.7 (Ekaterina Belova); 255.4 (Tatiana Morozova); 256.4 (chesterF); 256.5 (pwmotion); 258.3 (Himmelssturm); 259.3 (Elnur); 261.2 (ErnstPieber); 264.1 (Damblon Dimitri); 264.4 (M. Siegmund); 264.5 (steffenw); 265.2 (Netzer Johannes); 265.5 (WavebreakMediaMicro); 268.6 (Paul Orr); 279, 280 (ventura); **Getty Images, München:** 4.2, 7.3, 282 (tiero); 5, 32.1, 33.5 (Stockbyte); 13.1, 35.1 (BananaStock); 13.5 (Dean Mitchell); 14.4 (Digital Vision); 15.5 (R-DESIGN); 15.6 (LanceB); 20.3 (ninjaMonkeyStudio); 21.3 (EmirMemedovski); 23.5 (alexemanuel); 24.4 (barisurunlu); 25.4 (IpekMorel); 27.1 (kraphix); 27.4, 27.7, 125.1, 191.5 (Jupiterimages); 27.6 (mabe123); 28.2 (Polka Dot RF); 28.5 (cornecoba); 29.1 (James Woodson); 29.3, 62.6, 125.1, 191.5 (Jupiterimages); 30.2, 54.8, 180.4 (Goodshoot); 31.2, 224.2 (Image Source); 32.5 (timnewman); 33.2, 136.1 (Gizmo); 33.4 (enviromantic); 34, 54.6, 77.1, 238.3 (Michael Blann); 35.5, 110.3 (Zoonar RF); 37.2 (Lisa-Blue); 38.1 (Wavebreakmedia Ltd); 41.1 (Nickos); 41.4 (yurok); 42.5 (shironosov); 44 (nullplus); 45.3 (Siri Stafford); 45.7 (Ingram Publishing); 46.7 (pijama61); 49.7 (Otti38); 62.2 (Creatas Images); 63.4 (ASphotowed); 66.5, 149.4 (Creatas); 73.2 (mediaphotos); 74.2 (gemenacom); 77.8 (Jeremy Poland); 79.2 (PhotoObjects.net); 79.6 (bogdanivan); 80.6 (ferrantraite); 81.1 (Hill Street Studios); 85.1 (eurobanks); 91.3 (paulprescott72); 92.2 (kparis); 95.2 (paulshark); 95.5 (Digital Vision.); 97.8 (captblack76); 117.7 (NickyLloyd); 131.5 (Nick Dolding); 135.5 (alacatr); 137.4 (AlesVeluscek); 151.1 (Sashkinw); 157.3 (alvarez); 158.2 (Sandralise); 164.3 (Yurii Kushniruk); 172.6 (Bildvision_AB); 179.3 (ta damichi); 179.4 (tadamichi); 182.1 (-oqlpo-); 185.4 (msderrick); 197.3 (JPeragine); 199.2 (tatsi); 201.5 (Urilux); 202.2 (GoodLifeStudio); 208.2 (Juan Silva); 210.6 (TokioMarineLife); 211.3 (miralex); 219.5 (Ryan McVay); 225.5 (pomphotomine); 228.1 (powerofforever); 228.2 (Prachanda Rawal); 239.1 (Dreef); 255.5 (Thomas Northcut); 257.5 (AlxeyPnferov); 260 (diegograndi); 268.2 (AYakovlev); **Gettyimages:** 13.5 (Image Source); **PONS Archiv, Stuttgart:** 38.2, 146.1, 161.4 (Pons Archiv); **Shutterstock, New York:** 3.1, 10, 11 (serg_dibrova); 3.2, 114, 115, 68.4

(pio3); **3.3, 58, 59** (MJTH); **16, 17.1** (ArtOfPhotos); **4.1, 204, 205** (Oleg Znamenskiy); **4.3, 242, 243** (sdecoret); **6.1, 124.2** (Andrey Chmelyov); **6.2, 125.5** (Voyagerix); **6.3 ff.** (Picsfive); **6.4, 41.3** (Rob Hainer); **7.1, 173.7** (Sundraw Photography); **13.2** (Pentium5); **13.7** (Artem Furman); **14.2, 63.1** (Nomad_Soul); **14.3, 24.3, 82.5, 258.5, 278.14** (Diego Cervo); **15.1, 48.2, 124.4** (Oksana Kuzmina); **15.4, 77.7, 87.1, 88.2, 119.4** (Photographee.eu); **17.2** (Subbotina Anna); **17.3** (Tinydevil); **17.4** (Ron Leishman); **18.1, 249.3** (Ivan_Nikulin); **18.3** (alexandru UsPhoto); **18.4** (Ander5); **18.2, 19.1** (Mauro Carli); **20.1** (Kletr); **20.4** (RimDream); **21.2** (Tinny Photo); **21.4** (rui vale sousa); **21.5, 267.3** (Kiselev Andrey Valerevich); **21.6, 31.3, 33.3, 35.4, 36.1, 39.4, 42.6, 47.7, 49.1, 51.1, 54.1, 57.4, 65.1, 69.4, 74.7, 75.4, 77.3, 79.4, 81.2, 89.7, 94.1, 96.1, 97.7, 102.4, 105.5, 109.3, 111.1, 130.2, 131.2, 132, 135.6, 138.4, 145.5, 148.1, 152.1, 156.2, 158.1, 164.4, 166.7, 175.1, 177.1, 181.1, 185.1, 186.1, 188.2, 192.4, 195.1, 200.2, 207.6, 218.4, 220.1, 221.2, 223.3, 225.3, 238.4, 253.3, 257.3, 259.2, 262.4, 273.1** (Everett Collection); **22, 256.8** (Volodymyr Baleha); **23.1** (MANDY GODBEHEAR); **23.2, 94.3** (Maryna Pleshkun); **23.3, 99.3** (Nejron Photo); **23.4** (Canon Boy); **23.6, 69.1, 137.1, 137.2, 178.1, 185.2, 194.3, 252.1, 281.1** (wavebreakmedia); **24.1** (anna karwowska); **24.6** (Lana K); **25.1** (Leah-Anne Thompson); **25.2** (Chad Zuber); **25.3** (Helder Almeida); **25.6** (MCarper); **27.8, 265.1** (Ppictures); **28.1** (iordani); **28.3** (amophoto_au); **28.6, 63.3, 83.7, 103.3** (CREATISTA); **29.2** (Andrei Mayatnik); **30.1, 92.6, 94.5** (Pressmaster); **30.4, 201.3** (rad fx); **31.4, 250.1** (Andrey Yurlov); **32.3** (Oksana Mizina); **32.4** (vivairina1); **32.6** (Lopolo); **32.7** (Images by Dr. Alan Lipkin); **32.8** (Vitalinka); **33.1** (Vanoa2); **33.6, 145.2** (Stokkete); **35.2** (ChicagoStockPhotography); **35.3, 127.3** (Fer Gregory); **35.6** (GoDog Photo); **35.7** (White Space Illustrations); **36.3** (Straight 8 Photography); **36.4, 109.2** (Jacob Lund); **37.1** (Galyna Andrushko); **37.3** (maradon 333); **37.4** (Maryna Kulchytska); **37.5** (nata-lunata); **37.7, 151.2** (Brocreative); **38.3** (Feng Yu); **38.4, 150.4** (TaLyDes); **39.1** (Birute Vijeikiene); **39.2** (Andrey_Popov); **39.3** (Purino); **39.5** (Andrey_Kuzmin); **40.1** (Phovoir); **40.4, 239.3** (Nagel Photography); **40.5** (Monster e); **40.6** (FotoAndalucia); **42.3, 92.7, 150.3** (Sergey Nivens); **42.4, 97.5** (Malchev); **43.3, 89.6, 134.4, 154.1, 165.7, 172.2, 192.3** (Pavel L Photo and Video); **43.5** (Mehmet Dilsiz); **43.6, 143.3** (Ewa Studio); **45.5, 73.1** (Kaspars Grinvalds); **45.6** (realpeople); **46.1, 127.2** (Elisanth); **46.2** (SciePro); **46.3** (Irina Borsuchenko); **46.4** (alphaspirit); **46.5, 54.7** (ArtFamily); **46.6** (Evgeniya Krutova); **47.1, 91.1, 101.5, 217.5** (sirtravelalot); **47.4** (Rades); **47.5** (ANURAK PONGPATIMET); **48.1, 153.4** (Gemenacom); **48.3** (Burlingham); **48.4, 106.3, 192.5, 207.3** (Syda Productions); **49.3** (ByEmo); **49.4** (Chaikom); **49.5, 187.5** (sima); **50.1** (Jenoche); **50.3** (TORWAISTUDIO); **50.5** (Samot); **50.7** (Alan Poulson Photography); **51.2** (Dima Gorohow); **51.3** (Khamidulin Sergey); **51.4** (Danilovski); **51.5, 143.2** (Olesia Bilkei); **52, 53.1** (FashionStock.com); **53.2, 278.10** (Lisa-S); **53.3** (Alexandru Marian); **53.4** (greenland); **54.2** (Valery Sidelnykov); **54.3** (R. Fassbind); **54.4, 94.6** (Lucky Business); **54.5, 61.2** (Iakov Filimonov); **54.9** (George Mayer); **55, 86** (NinaMalyna); **56.1** (sportpoint); **56.2** (Maryia Naidzionysheva); **56.4** (Olga Bogdanova); **56.5** (Kuznetcov_Konstantin); **57.1, 65.4, 70, 191.4, 272.3, 281.2, 281.3** (Monkey Business Images); **57.2** (Eugenio Marongiu); **57.3, 166.1, 172.3** (Africa Studio); **60** (KPG_Payless); **61.3** (Alessandro de Leo); **62.1** (oliveromg); **62.4** (Tomsickova Tatyana); **62.5, 97.1** (Air Images); **62.7** (VP Photo Studio); **64.1** (rangizzz); **65.2** (Pigprox); **65.6** (dezy); **66.1, 125.2, 198.4, 231.8** (Lapina); **66.2** (Clive Chilvers); **66.6, 84.4, 100.5, 101.4, 102.1, 161.2, 252.3** (ESB Professional); **67.1, 87.4** (oneinchpunch); **126, 127.1** (Kotomiti Okuma); **67.3** (Jez Bennett); **68.2, 96.4, 159.2, 223.4** (Vasilyev Alexandr); **68.7** (siamionau pavel); **68.8** (alexandre zveiger); **69.2, 105.1, 162, 247.4** (Rawpixel.com); **69.3, 100.4** (ChameleonsEye); **69.5, 157.2** (Poznyakov); **71.2** (Pikoso.kz); **71.3** (Andrey Armyagov); **71.4, 275.4** (Krakenimages.com); **71.5** (Tatiana Makotra); **71.6** (InnaFelker); **71.7** (Ilaszlo); **72.2** (Elena Rostunova); **72.3** (Ozgur Coskun); **72.4** (Asier Romero); **72.6** (siro46); **73.3** (solominviktor); **73.4, 133.2, 187.6, 275.1** (Dragon Images); **74.3** (G-Stock Studio); **74.4** (szefei); **74.5** (okab); **74.6, 207.5, 220.6** (Antonio Guillem); **75.1** (funkyfrogstock); **75.2** (focal point); **75.3** (BoxerX); **76.1** (Sebastian Gauert); **76.4** (Paolo Bona); **77.2** (Andrea Danti); **77.4** (DG Stock); **77.5** (Maria Starus); **78** (Petra Christen); **79.1** (file404); **79.3** (fakezzz); **79.5** (Jason Stitt); **80.2** (DenisNata); **80.3** (Tania Kolinko); **80.7** (Laborant); **81.3** (Jeroen van den Broek); **82.1** (logoboom); **82.3, 177.3, 178.3** (Dmitry Kalinovsky); **82.4** (Song_about_summer); **82.6** (Darren Baker); **83.1** (mangostock); **83.3, 262.3** (Ermolaev Alexander); **83.4, 140.1, 254.1** (Matej Kastelic); **83.6** (pathdoc); **84.1** (ThamKC); **84.2, 89.8, 120.1, 148.2, 153.2, 192.1, 208.3, 232.2, 259.1** (Ollyy); **84.3** (blocberry); **84.5** (VGstockstudio); **84.6** (WaiveFamisoCZ); **84.7** (inxti); **84.8** (Elnur);

85.2 (Ellina Balioz); 85.4 (Perutskyi Petro); 87.2 (Denise Andersen); 87.5 (photomak); 87.6 (Andrey Arkusha); 87.7 (Ezume Images); 88.1 (gpointstudio); 88.3 (alphaspirit.it); 88.4 (Ana Blazic Pavlovic); 88.5 (Stas Ponomarencko); 88.6, 153.6, 171.4 (stockfour); 89.1 (Eugene Partyzan); 89.3 (curtis); 89.4 (2happy); 89.5 (Toa55); 89.2, 265.3 (Frank11); 90 (ArtisticPhoto); 91.2 (Peter Wey); 91.5 (Smit); 91.7 (Sofiaworld); 92.1 (Viacheslav Lopatin); 92.4 (J Walters); 92.5 (critterbiz); 93.1 (Stefano Buttafoco); 93.2 (windmoon); 93.4 (Mauvries); 94.2 (Featureflash Photo Agency); 94.4 (Dasha Petrenko); 94.7 (Imagewell); 95.3 (Zoran Karapancev); 95.4 (Vectorfair.com); 96.2 (WaitForLight); 96.3 (Claire Slingerland); 97.2 (Pim Leijen); 97.3, 145.1 (Yuganov Konstantin); 97.4 (Carolina K. Smith MD); 97.6 (mrcmos); 97.9 (Blaj Gabriel); 98.1 (e X p o s e); 99.2 (Tom Kuest – Fotograf); 99.4 (Jan S.); 99.6 (Concept Photo); 100.2 (mountainpix); 101.1 (Sergey Uryadnikov); 101.3 (izzet ugutmen); 101.6 (Ryan Rodrick Beiler); 102.2, 262.1 (Hadrian); 103.2 (Michael Pettigrew); 103.4 (Andrei Shumskiy); 103.5 (Rafal Olechowski); 104 (Nataliya Hora); 105.3 (ZGPhotography); 105.4 (Brian A Jackson); 106.4 (Svittlana); 107.1 (wk1003mike); 107.4 (CandyBox Images); 107.5, 140.4 (bibiphoto); 108.1 (B Brown); 108.2 (Studio 37); 108.3 (Bildagentur Zoonar GmbH); 109.1 (jukgrapong); 109.4 (MaxyM); 109.5, 138.5, 157.4 (Lisa F. Young); 110.1 (fotografos); 110.2, 211.2 (ChiccoDodiFC); 110.4 (Hamik); 111.2, 241.6 (Castleski); 111.3 (Len44ik); 111.4 (Michael Potter11); 111.5 (Tonographer); 111.6 (Jurik Peter); 112.1 (Lightspring); 112.2 (Iconic Bestiary); 112.3 (solarseven); 112.4 (Rustamir); 113.1 (Pepsco Studio); 113.2 (Lubos Chlubny); 113.3 (Tanis Saucier); 113.4 (KN); 116 (RoongsaK); 117.1 (Yauhen Paleski); 117.2 (Gaspar Janos); 117.3 (pcruciatti); 117.6, 234.3 (Tomacco); 117.8 (zoff); 118.1 (aliisik); 118.2 (Carlos Amarillo); 118.3 (txking); 118.4, 167.1 (Adisa); 119.1 (Christian Draghici); 119.2, 221.1 (travelview); 119.3 (except_else); 120.2 (SusaZoom); 120.3 (Kuttelvaserova Stuchelova); 120.4 (blackboard1965); 120.5 (gemphoto); 120.6 (manzrussali); 120.7 (kryzhov); 121.1 (TuneDIn by Westend61); 121.2 (S-F); 121.3 (scantaur); 121.4 (venimo); 121.5 (Christian Delbert); 121.6 (Anton Havelaar); 122, 123 (3000ad); 122, 123 (Hal_P); 124.1 (Artazum); 124.5 (275847); 125.3 (Bona_natty); 127.4, 180.5 (David Pereiras); 127.5 (Veda J Gonzalez); 128.1 (PozitivStudija); 128.3, 129.3 (Camilo Torres); 128.2 (Stefano Garau); 129.1, 231.3, 241.2 (Triff); 129.2 (Friends Stock); 129.4 (Citrina); 129.5 (Dmitry Naumov); 130.1 (Evgeny Atamanenko); 130.4 (Mazur Travel); 131.1 (Frenzel); 131.4, 143.6 (Cameron Whitman); 133.1, 160.4 (XiXinKing); 133.2 (Madua); 133.7 (Twin Design); 134.1 (Robert Kneschke); 134.2 (Roy Pedersen); 134.3, 183.4 (Adriano Castelli); 135.1 (Kruglov_Orda); 135.2 (steve estvanik); 135.4 (Jeanne McRight); 136.2 (karelnoppe); 136.3 (di Bronzino); 137.3 (kwanchai.c); 137.5 (Melinda Nagy); 137.6 (Idealphotographer); 138.1 (jorgen mcleman); 138.2 (Gerald Bernard); 138.6 (ZouZou); 139.1 (goodluz); 139.2 (supercat); 139.3 (Sabphoto); 140.2 (dotshock); 140.3 (jianbing Lee); 141.1 (Songsak Pandet); 141.2 (Yukiakari); 141.3 (motorolka); 141.5 (conrado); 142 (rtbilder); 143.1 (Ilya Andriyanov); 143.4 (photolike); 143.5 (Stephen Orsillo); 143.7 (SasinTipchai); 144, 271.3 (kudla); 145.3 (Sergey Mironov); 146.3 (travelfoto); 147.1 (NWM); 147.2 (lzf); 147.3 (Tinxi); 147.4 (Dave Clark Digital Photo); 147.5 (ILYA AKINSHIN); 148.3 (V. Ben); 149.3 (Sergey Ryzhov); 149.5, 245.4 (Blue-Orange Studio); 149.6 (Chokniti Khongchum); 150.2 (gyn9037); 151.3 (arogant); 152.2 (Microgen); 152.3, 249.4 (Sue McDonald); 153.1 (nevenm); 153.3 (Voronin76); 153.5 (Matt Antonino); 153.7 (iofoto); 155.1 (Anna Demianenko); 155.2 (TFoxFoto); 155.5 (Sorbis); 155.6 (van_Nikulin); 155.7, 221.3, 245.2 (l i g h t p o e t); 156.3, 199.5 (matimix); 156.5 (Konstantin Chagin); 157.5 (Freeman Studio); 158.4 (flashgun); 159.1 (SFC); 159.3 (Bashigo); 159.4 (Slatan); 160.1 (Eimantas Buzas); 160.2 (MSharova); 161.1 (Creativa Images); 161.3 (Guillem Calatrava); 161.5 (werny); 163.1, 266.1 (Natalia Deriabina); 163.2 (InsectWorld); 163.3 (WOLF AVNI); 163.4 (Denis Burdin); 163.6 (Martin Gaal); 164.1 (Frank Chang); 164.2 (Denisov Dmitry); 165.1 (Denis Kichatof); 165.3 (bogdanhoda); 165.4 (Vladimir Nenezic); 166.2 (Lilly Trott); 166.3 (Rachata Teyparsit); 166.5 (Thomas M Perkins); 167.2 (Evgeny Karandaev); 167.3 (yevgeniy11); 167.4 (3523studio); 168.1 (nmedia); 168.2 (freya-photographer); 168.3 (Massimiliano Pieraccini); 168.4 (Svekrova Olga); 169.1 (Alexander Raths); 169.2 (Jka); 169.3 (Natasha Breen); 169.4 (stockcreations); 169.7 (Dalibor Sevaljevic); 170.1 (Gua); 170.2 (zixian); 170.3 (Ensuper); 170.4 (Gilmanshin); 170.5 (ben bryant); 171.1, 184.3, 207.1, 275.6 (Kzenon); 171.2 (monofaction); 171.3 (vichni); 171.5 (Dmitry Elagin); 171.6, 261.4 (Botond Horvath); 172.4 (Tsuguliev); 173.1 (Eskymaks); 173.2 (Image Point Fr); 173.3, 187.3 (Federico Rostagno); 173.4, 209.1 (Edler von Rabenstein); 173.5 (Billion Photos); 173.6 (Sergej Cash); 174.1 (Denizo71); 175.2 (True Touch Lifestyle); 175.3 (Rommel Canlas); 175.5 (Jaros); 175.6 (Efired); 176.1 (Yulia Grigoryeva); 176.3 (Olesya Kuznetsova); 176.4, 223.1 (Romrodphoto); 177.2, 258.7 (javarman); 177.4 (Shaiith); 178.4 (Jack Frog); 178.5 (Mirelle); 179.1 (Mike Pellinni); 179.2 (Dmitriy Bryndin); 180.3 (Petrenko Andriy); 180.6 (Sean Locke Photography); 180.8 (drawkman); 181.2 (Ger-

REGISTER – BILDNACHWEIS

gely Zsolnai); **183.1** (Irina Mosina); **183.2** (Geoff Goldswain); **183.3** (phloxii); **183.5, 270.1** (andersphoto); **184.1** (Jack.Q); **185.3** (Diana Hlevnjak); **185.5** (Ondrej Prosicky); **186.2, 274.3** (SpeedKingz); **186.3** (Olga Visavi); **186.4** (testing); **187.1, 272.4** (Yayayoyo); **187.2** (Alexey Laputin); **187.4** (PrinceOfLove); **188.1** (erebnora); **188.3** (TDC Photography); **188.4** (digitalreflections); **188.5** (Terrence Meehan); **189.1** (Sodel Vladyslav); **189.2** (Fidel); **189.3** (MZPHOTO.CZ); **190.1** (Oscity); **191.1, 193.5, 271.4** (Radiokafka); **192.2** (Ikpro); **193.1** (Free Belarus); **193.2** (nikkytok); **193.4** (Vilius Steponenas); **194.1** (gnohz); **194.2** (AS Inc); **194.4** (Asianet-Pakistan); **195.2** (Pincasso); **195.3** (cunaplus); **195.4** (MikeDotta); **196.1** (Sergey Peterman); **197.1** (Renars Jurkovskis); **197.2** (Nestor Rizhniak); **197.4** (ARKHIPOV ALEKSEY); **198.5** (cynoclub); **199.7** (PremiumVector); **199.8** (Denis Moskvinov); **200.1** (Prometheus72); **200.3** (Stefan Holm); **200.4** (zeljkodan); **200.5** (360b); **201.1, 273.7** (Ververidis Vasilis); **201.4** (Iryna Rasko); **202.1** (Helen Bloom); **202.3** (Comaniciu Dan); **202.4** (ajt); **202.5** (emin kuliyev); **203.2** (AlohaHawaii); **203.3** (Dainis); **203.4** (dean bertoncelj); **203.5** (PichetSupavet); **206.1** (Konstantin Zaykov); **207.4** (Kuz';min Pavel); **207.7** (lightwavemedia); **208.1** (donvictorio); **209.2** (MPH Photos); **209.3** (DoublePHOTO studio); **209.4** (Ronald Sumners); **210.1, 245.6** (withGod); **210.3** (Shchipkova Elena); **210.4** (GoneWithTheWind); **210.7** (leonardo2011); **211.1** (Jacek Chabraszewski); **211.4** (Sergejus Lamanosovas); **212, 213** (OleDavi); **214, 215.1** (Bardocz Peter); **215.2** (zkruger); **215.3** (IriGri); **215.5** (etorres); **216.1** (Pumidol); **217.2** (AlgizUral); **217.3** (Kamira); **217.4** (Lian Deng); **218.1** (littlenySTOCK); **218.2** (Taweesak Inmek); **218.5** (Stephan Guarch); **219.1** (Daxiao Productions); **219.2** (Jamie Wilson); **219.3** (James Steidl); **219.4, 237.5** (Art Konovalov); **220.2** (Konstantin Tronin); **220.3** (AKaiser); **220.4** (Steve Photography); **220.7** (happystock); **222.1** (joyfull); **222.2** (mkant); **222.3** (Ellagrin); **223.2** (Kartouchken); **223.5** (potowizard); **223.6** (PhaiApirom); **224.1** (Angela N Perryman); **224.3** (oksana.perkins); **225.1** (Peter Zijlstra); **225.2** (Ben Carlson); **226.1** (Surkov Vladimir); **227.1** (Christian Musat); **227.2** (nik187); **227.5** (Maciej Czekajewski); **227.6** (Baronb); **227.7** (Rasstock); **228.3** (MaraZe); **228.4** (Doremi); **228.5** (AlexMaster); **228.6** (Maxim Ahner); **228.7, 246.6** (jan kranendonk); **229.1** (SergeyIT); **229.3** (Gilles Paire); **229.4** (Scorpp); **229.5** (feilzy); **230.1** (aphotostory); **231.1** (Mascha Tace); **231.2** (Valentina Razumova); **231.4** (Ruslan Iefremov); **231.5** (Chones); **231.6** (Styve Reineck); **231.7** (PavleMarjanovic); **232.1** (Enzojz); **232.3** (VikOl); **232.4** (Marso); **232.5** (Fotoluminate LLC); **232.6** (Bernd Schmidt); **233.1** (Sadik Gulec); **233.2** (Patrick Poendl); **233.3** (Akawath); **233.4** (Dave Allen Photography); **234.1** (lehvis); **234.4** (waldru); **234.5** (Aleksandar Todorovic); **235.1** (Juliann); **235.2** (AQ_taro_neo); **235.3** (Isabelle Kuehn); **236.2** (FloridaStock); **236.3** (jurra8); **237.1** (kuzsvetlaya); **237.2** (debr22pics); **237.3** (NikD90); **237.4** (MyImages – Micha); **238.1** (Atstock Productions); **238.2** (benik.at); **238.5** (Ralf Maassen (DTEurope)); **238.6** (Catalinka); **239.2** (Dustie); **240.1** (Aphelleon); **241.1** (Ivan Cholakov); **241.3** (LuminatePhotos by judith); **241.4** (littlesam); **241.5** (Tupungato); **241.7** (Vadim Sadovski); **244** (Kertu); **245.1** (Nickolya); **245.3** (Irina Fischer); **245.5** (dba duplessis); **245.7** (Maridav); **245.8** (Javier Brosch); **245.10** (Golitsynsky); **245.11** (CroMary); **245.12** (Ricardo Reitmeyer); **246.7** (adriaticfoto); **246.1, 246.2, 246.3, 246.4** (mekcar); **247.2** (Hrechenuik Oleksii); **248.1** (Sergey Novikov); **248.2** (Wallenrock); **248.3** (Sarah Jane Taylor); **248.4** (Chris Contos); **249.1** (Migel); **249.2** (josinadewit); **251.1** (Spiroview Inc); **251.2** (katalinks); **251.4** (antoninaart); **252.2** (optimarc); **252.4** (Alena TS); **252.5** (Igor Bulgarin); **253.1** (Anastasia Bulanova); **255.1** (Maria Zamuriy); **255.2** (Marie C Fields); **255.3** (giulia186); **255.6** (Nor Gal); **255.7** (triocean); **255.8** (goodmoments); **256.1, 256.2, 256.3** (Pavel_Markevych); **256.6** (Ekaterina Pokrovsky); **256.7** (Lysogor Roman); **257.1** (ClimbWhenReady); **257.2** (Vaclav Volrab); **257.4** (ChickenStock Images); **257.6** (pixelheadphoto digitalskillet); **258.1** (Anton Foltin); **258.2** (HitToon); **258.4** (tommaso lizzul); **258.6** (ziviani); **261.1** (Leonid Andronov); **261.3** (zhu difeng); **261.5** (IM_photo); **261.6** (Paolo Gallo); **262.2** (MNStudio); **262.5** (stable); **263.1** (Nuttawut Uttamaharad); **263.2** (anetapics); **263.3** (Artush); **263.4** (S1001); **263.5** (Marinka Alisen); **264.2** (Audrey Snider-Bell); **264.3** (robert paul van beets); **267.1** (Ron Ellis); **267.2** (Bignai); **267.4** (ermess); **267.5** (Gustavo Frazao); **267.6** (RossHelen); **268.1** (Nataliya Turpitko); **268.3** (Stefano Pellicciari); **268.4** (yggdrasill); **268.5** (DONOT6_STUDIO); **269.1** (Jag_cz); **269.2** (Jasmine_K); **269.3** (kaband); **271.1** (Mira Arnaudova); **271.2** (Max Herman); **271.5** (Kues); **272.1** (Milosz Maslanka); **273.4** (motuwe); **273.5** (Misha Beliy); **273.6** (Ariwasabi); **274.1** (mama_mia); **274.2, U1** (gmstockstudio); **274.4** (Niran Phonruang); **274.5** (Ivan Smuk); **275.2** (luigi nifosi); **275.3** (BGSmith); **275.5** (Inga Locmele); **276.1** (Dmitry Argunov); **277, 278, 277** (defotoberg); **277.1** (Imran Khan Photography); **278.9** (Mike Flippo); **278.11** (Ryan M. Bolton); **278.12** (kan Sangtong); **278.13** (Rahhal); **281.4** (AboutLife); **281.5** (IKO-studio); **281.6** (belushi); **281.7** (Kristo-Gothard Hunor); **281.8** (Claudia Paulussen)